Die Autoren

Manfred O. E. Hennies, Jahrgang 1938, ist emeritierter Professor für Volkswirtschaftlehre der Fachhochschule Kiel, aber weiterhin in Estland in Lehre und Forschung aktiv eingebunden. Unter anderem ist er Mitveranstalter der dort alljährlich stattfindenden Konferenzen. *Matti Raudjärv*, Jahrgang 1949, ist Professor für Wirtschaftpolitik an der Universität Tartu (Pärnu college) und zugleich Initiator, Hauptveranstalter und Koordinator der Konferenzreihe sowie Chefredakteur der dreisprachigen Zeitschrift "Estonian Discussions on Economic Policy/ Estnische Gespräche über Wirtschaftspolitik/Eesti majanduspoliitilised väitlused". Die beiden Autoren sind seit 1990 beruflich und durch enge Freundschaft miteinander verbunden.

Manfred O. E. Hennies
Matti Raudjärv

INTERNATIONALE GESPRÄCHE ÜBER
WIRTSCHAFTPOLITIK
IM RAHMEN EINER KONFERENZREIHE IN ESTLAND

Herstellung und Verlag:
BoD - Books on Demand, Norderstedt
ISBN 978-3-7448-0889-7

VORWORT

In Estland finden jedes Jahr seit 1996 Konferenzen zu allgemeinen Fragen der Wirtschaftpolitik statt. Ziel dieser Veranstaltungen ist in erster Linie die Analyse der aktuellen Entwicklungen in der Europäischen Union, um Antworten auf wirtschaftpolitische und gegebenenfalls auch ordnungpolitische Fragen zu finden. Nach der weltweiten Finanz- und Wirtschaftkrise hat dieses Anliegen eine besondere Bedeutung erlangt. Darüber hinaus werden auch allgemeine Fragen der Wirtschaftwissenschaften erörtert.

Die Tagungen werden von der Zeitschriftenreihe "Estnische Gespräche über Wirtschaftpolitik" begleitet, die vom Berliner Wissenschafts-Verlag (BWV) in Kooperation mit dem estnischen Verlag Mattimar OÜ (GmbH) veröffentlicht wird. Diese Schriften enthalten die von den Tagungteilnehmern vorgelegten Beiträge als mögliche Grundlagen für die bevorstehenden Diskussionen, nachdem diese zuvor von Kollegen aus dem In- und Ausland anonym rezensiert worden sind. Die Broschüren wurden anfänglich einmal pro Jahr jeweils zur Tagung herausgegeben, seit 2011 erscheinen sie ein zweites Mal im Oktober/November mit den verspätet verschickten Aufsätzen.

Die einleitenden Worte zu den einzelnen Ausgaben dieser Zeitschriftenreihe sind die Ergebnisse intensiver Gespräche, die Manfred O. E. Hennies, emeritierter Professor für Volkswirtschaftlehre an der Fachhochschule Kiel, und Matti Raudjärv, Professor für Wirtschaftpolitik an der Universität Tartu (Pärnu college)/Estland, im Vorfeld zu den einzelnen Tagungen miteinander geführt haben. Die Ergebnisse dieser Beratungen sind, soweit es sich dabei um wirtschaftliche Themen handelt, in dem vorliegenden Buch erfasst, und zwar der Aktualität entsprechend entgegen der

jährlichen Erscheinungfolge. Die Niederschriften der
Ergebnisse aus den gemeinsamen Gesprächen stammen aus
der Feder von Manfred O. E. Hennies; hierzu sein Hinweis:

> "In der Frage des sehr oft der Genitivform
> widersprechenden und damit die grammatischen
> Grundregeln missachtenden und zudem auch meist
> noch völlig überflüssigen 's' zwischen zusam-
> mengesetzten Substantiven, derivativen Adjektiven
> und sonstigen abgeleiteten Wortverbindungen
> nehme ich für mich das Recht in Anspruch, diesen
> meist entbehrlichen eingeschobenen Buchstaben
> fortzulassen, soweit er nicht zur Klarstellung
> beiträgt und nicht unbedingt der flüssigeren
> Aussprache dient."[1]

Oktober 2017

Manfred O. E. Hennies	Matti Raudjärv
Kiel	Tartu/Pärnu
Deutschland	Estland

---

[1] Hennies, M. O. E., Wirtschaftpolitik im Kreislaufgeschehen, Books on Demand, 2017, S. 8.

Netzwerkeffekte auf **Lohnquoten**

Im Verlauf der vergangenen zwei Jahrzehnte sind in der Tendenz weltweit die Anteile der Löhne und Gehälter an den Volkseinkommen, die sogenannten Lohnquoten, gesunken.[2] Entsprechend sind die Anteile der Kapitaleinkünfte gestiegen. Dabei ist zu bedenken, dass in den Zählern der Lohnquoten auch Spitzengehälter, unter anderem die der Geschäftführer, enthalten sind, so dass, wenn man diese herausrechnete, die Entwicklungen noch diskrepanter ausfielen.

Sinkende Lohnquoten werden oft mit steigender Erwerblosigkeit erklärt. Im Hinblick auf Industrieländer wird das in erster Linie mit dem Eintritt in das digitale Zeitalter und dem technischen Fortschritt im Leistungerstellungprozess in Verbindung gebracht. Dadurch eröffnen sich für die Unternehmungen zunehmend Möglichkeiten, Arbeit durch Betriebmittel zu ersetzen und den Mitarbeiterstab zu reduzieren, um schließlich die Arbeitkosten zu senken. Dem gleichen Ziel dienen Verlagerungen betrieblicher Herstellungbereiche an kostengünstigere Auslandstandorte (Outsourcing). Zunehmende Probleme auf den Arbeitmärkten und steigender Druck auf die Lohnquoten ergeben sich auch durch wachsende Konkurrenz aus Schwellenländern, wodurch im Inland produzierte Güter durch billigere Warenangebote aus dem Ausland verdrängt werden. Im Grunde ist Erwerblosigkeit die schwergewichtige Erklärungkomponente für sinkende Lohnquoten. Dass darüber hinaus auch

---

[2] Das gilt unter anderem auch für die Bundesrepublik Deutschland, in der die Lohnquote – abgesehen von zwischenzeitlichen leichten Schwankungen – von 72,9 Prozent im Jahre 1993 auf 68,2 Prozent in den Jahren 2013/2015 gesunken ist. [Statista, Volkswirtschaftliche Gesamtrechnung, Hamburg (u. a.) 2017, S. 57 ff.]

Liberalisierungen der Arbeitmarktregeln von Bedeutung sein könnten, weil es dadurch den Gewerkschaften möglicherweise erschwert wird, den sinkenden Lohnquoten mit progressiven Lohnforderungen zu begegnen, ist nicht konkret nachzuweisen.

Eine wirtschaftwissenschaftliche Forschergruppe[3] hat auf der Grundlage von micro Panel-Daten aus der US-Wirtschaft und Ergebnissen aus bis 1982 zurückreichenden Volkszählungen sowie internationalen Quellen und Dokumenten eine weitere Ursache für sinkende Lohnquoten offengelegt. Danach ist es während der letzten zwei Jahrzehnte in den meisten Wirtschaftzweigen Unternehmungen gelungen, mit ihrem Produktangebot und durch erfolgreichen Einsatz von Marketingmaßnahmen Netzwerkeffekte[4] zu erzielen, wodurch sie immer größere Marktanteile an sich ziehen und dominierende Marktstellungen aufbauen konnten. Das gilt mit dem Eintritt in das digitale Zeitalter, der sogenannten

---

[3] Chritina Patterson/David Autor/John Van Reenen [Massachusetts Institut of Technology (IT)], David Dorn [Universität Zürich], Lawrence Katz [Harvard University], *The Fall of the Labor Share and the Rise of Superstar Firms*, NBER Working Paper Nr. 23396, ausgestellt im Mai 2017, NBER Programm(e): LS PR.

[4] Solche Netzwerkeffekte (Netzwerkexternalitäten) bestehen darin, dass der Nutzen aus einem Produkt für den Nachfrager nach diesem Gut umso höher ist, je stärker dieses Erzeugnis am Markt Anklang findet und somit je höher die Anzahl der dieses Produkt in Anspruch nehmenden Wirtschaftsubjekte ist. Das gilt sowohl für Unternehmer, die das Produkt im arbeitteiligen Leistungerstellungprozess in Kooperation mit anderen Produzenten einzusetzen beabsichtigen; das gilt aber auch für Konsumenten, die den Nutzen eines Gutes um so höher empfinden – ohne sich dessen immer bewusst zu sein –, je größer die Zahl der dieses Gut nutzenden Personen ist. — Auf der anderen Seite versetzen hohe Netzwerkeffekte die Anbieter dieser Produkte (die sogenannten Netzwerkeigner) in die Lage, ihre Angebote preispolitisch gewinnbringend zu gestalten.

industriellen Revolution[5], und den im weiteren Verlauf immer stärker miteinander vernetzten Wirtschafteinheiten in hervorstechender Weise für 'Internetgiganten'[6], wie Apple, Alphabet (Google), Microsoft, Amazon und Facebook, die exorbitant hohe Gewinne je Arbeitsplatz erzielen. Aber auch in den anderen Wirtschaftbereichen kommt es durch solche Netzwerkexternalitäten zu Anreicherungen von Umsatzanteilen und stark steigenden Gewinnen in Spitzenpositionen bei sogenannten Superstar-Unternehmungen.

Steigende Konzentrationen auf den Märkten führen zu sinkenden Lohnquoten in den betreffenden Wirtschaftzweigen. Das Forscherteam führt das darauf zurück, dass Unternehmungen, bei denen die Anteile der Lohnkosten an den Gesamtkosten relativ gering sind, deutlich stärker ihre Marktanteile erhöhen, während Unternehmungen mit höheren Lohnquoten an Bedeutung verlieren. Diese um sich greifenden Entwicklungen werden in dem Untersuchungbericht als weitere Ursache für die sinkenden Lohnquoten erkannt.

Dagegen könnte der Einwand erhoben werden, dass in Branchen und Unternehmungen, in denen überdurchschnittlich hohe Gewinne pro Arbeitsplatz erzielt werden, erfahrunggemäß auch überdurchschnittlich hohe Löhne gezahlt werden. In der Tat: Das wirkt den zuvor geschilderten, die Lohnquoten senkenden Tendenzen entgegen.

In dem zitierten Forschungbericht stellen die Autoren allerdings auch fest, dass diese die Märkte dominierenden Unternehmungen zunehmend arbeitintensive Fertigungbereiche an vorgeschaltete Zulieferfirmen auslagern. Auch

---

[5] wie auch immer man diese Revolution im historischen Verlauf detailliert mit den Stichworten Industrie 2.0 oder Industrie 4.0 erfassen mag. Vgl. Anmerkung 13 im vorliegenden Buch.
[6] Akronym: GAFA

werden durch Werkverträge kooperativ verbundene Unternehmungen mit der Produktion von lohnkostenintensiven Vorerzeugnissen beauftragt oder sogenannte Leiharbeiter von Zeitarbeitfirmen vorübergehend eingestellt. Gewinnorientierte Lohnzuschläge bleiben somit weitgehend auf den engen Kreis der Kernbelegschaft dieser Superstar-Unternehmungen beschränkt, so dass diese Lohnzuschläge so gut wie keinen kompensierenden Einfluss auf die Entwicklung der Lohnquoten haben.

Sinkenden Lohnquoten und dem Trend zu steigenden Ungleichheiten in den Einkommenverteilungen sollte in den einzelnen Staaten nicht unreflektiert mit stärker progressiv gestaffelten Steuern begegnet werden. Es besteht sonst die Gefahr, dass in einer globalisierten, zunehmend vernetzten Weltwirtschaft Wagniskapital und hochqualifizierte Arbeitkräfte das Land verlassen und ihre Innovationpotenziale und Leistungfähigkeiten im Ausland einsetzen. Dadurch gingen dem die Steuern erhebenden Land wichtige Wachstumpotenziale verloren.

REFORM DER ÖKONOMISCHEN UND MONETÄREN STRUKTUREN DER EUROPÄISCHEN UNION

Auf der Konferenz der Staats- und Regierungchefs der Europäischen Gemeinschaft (EG) am 9./10.12.1991 in Maastricht wurde eine Vereinheitlichung der Währungen beschlossen. Damit war der Grundstein für die Europäische Währungunion (EWU) gelegt. Nach dem Vorbild der 'Vereinigten Staaten von Amerika' war und ist sie als Vorstufe zu einer politischen Union in Europa, den 'Vereinigten Staaten von Europa' vorgesehen.

Vor allem Nationalökonomen aus den USA beurteilten dieses Projekt wegen der recht unterschiedlichen landesspezifischen Gegebenheiten beider Unionen skeptisch. Besondere Beachtung fanden die Aussagen des Nobelpreisträgers für Wirtschaftwissenschaften von 1976, Milton Friedman (1912 – 2006). Er wies darauf hin, dass die Erfahrungen aus den USA nicht so ohne weiteres auf Europa übertragen werden könnten, weil die einzelnen europäischen Staaten – im Gegensatz zu den USA – wirtschaftlich und auch soziologisch zu unterschiedlich seien. In den USA entfällt ein sehr hoher Teil der gesamten öffentlichen Ausgaben auf die Zentralregierung, so dass bei wirtschaftlichen Divergenzen eine Umverteilung ausreichender Hilfsmittel zu Gunsten der Krisenregionen verhältnismäßig reibunglos stattfinden kann. Die Arbeiter und Angestellten sind aufgrund der gemeinsamen Sprache, ihrer weitgehend gemeinsam empfundenen Kultur und der relativ geringen persönlichen Bindungen an ihre heimatlichen Bundesstaaten regional deutlich mobiler. Darüber hinaus sind die Arbeitmärkte weitaus weniger reglementiert als in Europa. Das alles führt dazu, dass sich die Entlohnungen leichter unterschiedlichen Entwicklungen in den Wirtschaftregionen anpassen. Gleiches gilt für das Kapital; es strömt barrierefrei zwischen den Bundesstaaten, wohingegen es in Europa differenzierte Regulierungen gibt.

Als im August 1997 die Währungunion nach langen Beratungen in den zuständigen Gremien inhaltlich deutlichere Konturen annahm, vertrat Milton Friedman in einem Artikel die Meinung, dass die europäischen Staaten nicht auf die ausgleichenden Wirkungen flexibler Wechselkurse und eigenständiger Geldpolitiken verzichten könnten. Er äußerte die Befürchtung, dass die Einführung des Euros die politischen Spannungen erhöhen und zu spaltenden Streitfragen führen würden. Das werde sich dann als Hindernis auf dem Weg zur avisierten politischer Einheit erweisen.[7]

Die gegenwärtige Krise scheint ihm Recht zu geben. Zumindest ist der Weg zur Europäischen Wirtschaft- und Währungunion (EWWU) und letztendlich zur politischen Union wegen der sehr unterschiedlichen Ausganglagen und zwischenzeitlichen Entwicklungen in den einzelnen Euro-Ländern beschwerlicher als ursprünglich erwartet. Es ist deutlich geworden, dass die bisher entwickelten institutionellen Strukturen der Union nicht ausreichen und Mängel aufweisen. Damit dieses für Europa sowohl wirtschaftlich als auch politisch bedeutende Projekt nicht scheitert, wird es reformiert werden müssen. Das heute existierende System, in dem jedes Mitgliedland noch weitgehend eigene Regeln und Leitlinien für die Fiskal- und

---

[7] "I believe that the introduction of the Euro will have the opposite effect. It will exacerbate political tensions, in which it makes divergent shocks, which easily would have can be mitigated by changes in exchange rates, on controversial political topics. ... Monetary unit which is introduced under adverse conditions will prove as an obstacle to the political unit." (Project Syndicate, 28.09.1997: The Euro: Monetary Unity To Politcal Disunity?.

Wirtschaftpolitik hat, muss sich zu einer Gemeinschaft entwickeln, in der die Entscheidung- und Kontrollrechte über das fiskal- und wirtschaftpolitische Handeln sowie die Haftung für die Konsequenzen aus diesem Handeln auf die Institutionen der Union übergegangen sind. Auf dem Weg dorthin wird sich zeigen, ob in manchen Ländern zwischen den dort geltenden rechtlichen Bestimmungen einerseits und den auf europäischer Ebene notwendigen Anpassungen, Korrekturen und Ergänzungen andererseits Diskrepanzen entstehen, die unter Umständen Volksentscheide erfordern. Das gilt ganz besonders bei der angestrebten Gründung der politischen Union, wenn Änderungen in den nationalen Verfassungen und damit parlamentarische absolute Mehrheiten oder gar Volksabstimmungen notwendig werden. Ob die Wähler der Übertragung von mehr Zuständigkeiten auf europäische Instanzen zustimmen werden, ist ungewiss.[8]

Um den Weg zur avisierten Politischen Union aufzuzeigen, hat der Präsident der EU-Kommission, Jean-Claude Juncker, in enger Zusammenarbeit mit den Präsidenten der übrigen vier EU-Institutionen[9] ein Memorandum erarbeitet. In diesem wird skizziert, mit welchen Maßnahmen nach den Vorstellungen der Präsidenten die gegenwärtigen Krise in der noch mit Mängeln belasteten, unfertigen Europäischen Währungunion überwunden und wie bis spätestens 2025 die EWWU vollendet werden kann.

Nach Auffassung der Präsidentengruppe müssen zur Verwirklichung einer 'tiefen, echten und fairen' EWWU die strukturellen und institutionellen Rahmenbedingungen in drei

---

[8] "Der Euro ist mehr als nur eine Währung. Er ist ein politisches und wirtschaftliches Projekt." (Europäische Kommission, Nachricht 22/06/2015, Fünf-Präsidenten-Bericht: Die Wirtschaft- und Währungunion Europas vollenden, Seite 4)
[9] EU-Rat, Europäische Zentralbank, Euro-Gruppe, EU-Parlament.

Richtungen weiterentwickelt werden: In Richtung einer *'echten'* *Wirtschaftunion*, einer *Finanzunion* durch Vollendung der Bankenunion und beschleunigte Realisierung der Kapitalmarktunion sowie einer *Fiskalunion* im Sinne einer gemeinsamen Haushaltpolitik. Fortschritte in diesen drei Richtungen würden uno actu auch die notwendigen Rahmenbedingungen für eine *Politische Union* schaffen, weil sich alle vier Unionen gegenseitig bedingen. So könne beispielweise ohne eine tatsächliche politische Vereinigung die Übertragung fiskalpolitischer Kompetenzen auf europäische Instanzen kaum gelingen.

Eine außerordentlich wichtige Bedingung für die Entstehung einer tatsächlichen, funktionfähigen Wirtschaftunion ist, dass in den betreffenden Ländern gleich im Anfangstadium über mehrere Jahre hinweg die bestehenden Strukturen reformiert werden, und zwar in Richtung auf vergleichbare, moderne und gegen Krisen widerstandfähige Systeme. Was aber geschah? Die politischen Instanzen ignorierten diese Notwendigkeiten. Ihnen ging es von vornherein darum, die Währungunion möglichst schnell entstehen zu lassen. Die Euro-Währung wurde also eingeführt, ohne dass dafür stabile Voraussetzungen geschaffen wurden. Die gegenwärtig andauernde Krise war somit bereits damals vorprogrammiert.

Damit nach dem Vorbild der *Vereinigten Staaten von Amerika* die *Vereinigten Staaten von Europe* durch *Konvergenz, Wachstum und Beschäftigung* ohne fortgesetzte Krisen entstehen können, müssen im Euro-Raum die strukturellen und institutionellen Bedingungen denen der USA ähnlich gemacht werden. Das bedeutet vor allem:

→ mehr Finanzkompetenz für die Zentralregierung;

→ Zentralisierung der Finanzaufsicht;

→ freie Finanzmärkte, das heißt, Deregulierung der Kapitalströme, damit das Kapital die effizientesten Verwendungen findet;

→ größere Mobilität der Arbeitkräfte auf den Arbeitmärkten des Eurogebietes;

→ Reduzierung des Einflusses staatlicher Instanzen auf die Wirtschaft.

Die vorgesehene Strategie für *Konvergenz*, integratives und nachhaltiges *Wachstum*, *Preisstabilität* und stabile *Beschäftigung* besteht vor allem aus folgenden Elementen:

→ Senkung des Staatseinflusses auf die Wirtschaft durch eine Liberalisierungagenda. Den Regierungen der Union ist es verwehrt, sich zukünftig weiter zu verschulden. Stattdessen werden sie aufgefordert, aus den laufenden Einnahmen ihre öffentlichen Schulden zu tilgen. Die Banken dürfen nur noch begrenzt Staatsanleihen halten.

→ Damit zukünftig nicht wieder – wie in den Folgejahren von 2007 – aus einer anfänglichen Bankenkrise eine Staats-schuldenkrise entsteht, sieht die neue Finanzmarktordnung eine Trennung des Verbundes zwischen Banken und Staaten vor. Durch den *Single Resolution Mechanism (SR*M) und die EU-Abwicklungrichtlinie (*Bank Recovery and Resolution Directive,* BRRD) sollen zukünftig die Lasten aus einer Bankenabwicklung zunächst von den Gläubigern (Bail-in) und anschließend vom Abwicklungfonds (Single Resolution Fund, SRF) getragen werden. Die Nationalstaaten haften nur subsidiär.

→ Zentrales Anliegen ist die Verbesserung der internationalen Wettbewerbfähigkeit. Das gilt für jedes einzelne Mitgliedland, um innerhalb der Union Probleme aus divergierenden Wettbewerblagen weitgehend zu vermeiden. Weil Löhne und Gehälter nicht nur als Quelle der Nachfrage und als Grundlage des Wohlstandes, sondern in erster Linie als Kosten eine zentrale Bedeutung haben, sind die Steigerungen auf die Produktivitätfortschritte zu beschränken. Im Hinblick auf die Rentenbeiträge werden aufgrund der steigenden Lebenserwartungen Verlängerungen der Lebensarbeitzeiten in Erwägung gezogen. Die Kapitalkosten werden in den perspektivischen Überlegungen weitgehend ausgeblendet.

→ Durch Förderung von Aus-, Fort- und Weiterbildung sowie der Mobilität auf den Arbeitmärkten ist im Rahmen einer umfassenden aktiven Eingliederungpolitik Erwerblosigkeit auf allen Ebenen zu bekämpfen. Dort, wo diese Maßnahmen wegen persönlicher Umstände nicht zum Erfolg führen, soll eine großzügige finanzielle Absicherung weiterhin möglich sein. Erkennbarer Arbeitwille ist dafür allerdings Voraussetzung. Andererseits soll der Kündigungschutz weitgehend eingeschränkt werden. Für gering qualifizierte Arbeitkräfte können Anreize zur Arbeitaufnahme geschaffen werden, indem niedrige Einkommen nach dem US-amerikanischen Vorbild der *Earned Income Tax Credit*[10] durch Zuschüsse aufgestockt werden.

→ Es ist geplant, durch Einführung einer europäischen Arbeitlosenversicherung asymmetrische Konjunkturentwicklungen in den einzelnen Mitgliedländern auszugleichen. Um zu verhindern, dass es dadurch zu längerfristigen Transfers in die Krisenländer kommt, weil Arbeitlosigkeit nicht immer ausschließlich konjunkturell, sondern auch strukturell bedingt sein kann, sind Einschränkungen im Gespräch. So sollen ausgleichende innergemeinschaftliche Zahlungströme nur auf gravierende Beschäftigungeinbrüche und auf die Dauer von maximal zwölf Monate beschränkt werden. Außerdem sollen

---

[10] EITC, eine Steuergutschrift auf niedrige bis mittlere Einkommen, gestaffelt nach der Zahl der Kinder in der betreffenden Familie.

die Empfängerländer die Unterstützungleistungen zur Hälfte mitfinanzieren.[11]

→ Die Nichtbeistand-Klausel (No-bail-out-Klausel) der Europäschen Union ist grundsätzlich aufrechtzuerhalten. Ausnahmen davon müssen durch unabänderliche Bedingungen klar geregelt werden und dürfen nicht auslegungfähig sein.[12] Können Regeln gebeugt werden, dann kann das zu einem schwerwiegenden Integrationhindernis führen. Bisherige Erfahrungen haben gezeigt, dass solche als Befriedung gedachte bail-out-Maßnahmen in der Tendenz auf der Empfängerseite zu nationalegozentrischem Verhalten (Moral Hazard) verführen und auf der Geberseite Widerständen provozieren.

→ Es ist geplant, den bisher noch in zahlreiche nationale Einzelteile zersplitterten EU-Finanzmarkt zu einer großen Kapitalmarktunion zu vereinen und den Zugang generell zu erleichtern. Damit kleine und mittlere Unternehmungen nicht nur auf Bankkredite angewiesen sind, sondern sich leichter direkt an den Märkten finanzieren können, ist vorgesehen, die Börsenprospekte durch Novellierung der Richtlinien kürzer, leichter verständlich und individuell gestaltbar zu machen. Ferner sollen der Markt für Kreditverbriefungen entbürokratisiert, die Verfahren bei Rechnunglegungen und Abschlussprüfungen harmonisiert und der Zufluss von Risikokapital in Start-up-Unternehmungen gefördert werden.

---

[11] Dennoch: Solange die Arbeitmarktpolitik vollständig in der Kompetenz der einzelnen Mitgliederstaaten verbleibt, ist nicht auszuschließen, dass eine europäische Arbeitslosenversicherung letztendlich doch auf eine Transferunion hinausläuft.

[12] Ausnahmen von Nichtbeistand-Klauseln müssen darüber hinaus mit Nachdruck die Notwendigkeiten zum Abbau struktureller Schwächen verdeutlichen sowie von der Verpflichtung zu einer zukünftigen soliden Haushaltpolitik abhängig gemacht werden.

→ Zur Beseitigung von Investitionhindernissen, Förderung von Investitionen in Schlüsselbereichen – wie Infrastruktur, Bildung, Forschung und Innovation – sowie Initiierung von Unternehmungneugründungen ist ein Europäischer Fonds für strategische Investitionen (EFSI) geschaffen worden. Er setzt sich zusammen aus Mitteln des EU-Haushalts und der Europäischen Investitionbank.

→ Umstritten ist die Frage, ob eine Insolvenzordnung zur Abwicklung zahlungunfähig gewordener Staaten ein Instrument zur Krisenprävention ist und somit in den Rechtsrahmen der EWWU aufgenommen werden sollte. Gegen die Erfassung eines solchen Regelwerkes spricht die Befürchtung, dass die Staaten die Insolvenzordnung taktisch nutzen und sich im Vertrauen auf ein geordnetes Abwicklungverfahren leichtfertig verschulden könnten. Damit würde die Finanzmarktstabilität gefährdet. Außerdem besteht die Gefahr, dass bei ersten Anzeichen einer möglichen Zahlungunfähigkeit und eines dann drohendes Insolvenzverfahrens die Risikoaufschläge auf die Schuldzinsen so stark ansteigen, dass ein Staat in den Bankrott getrieben wird, ohne wirklich überschuldet zu sein.

Andererseits ist zu bedenken, dass ein Land, welches unsolide wirtschaftet, mit Risikoaufschlägen auf die zu entrichtenden Kreditzinsen rechnen muss. Insofern kann die Einführung einer Insolvenzordnung abschreckend wirken und die Euro-Länder zur Haushaltdisziplin zwingen. Ein Insolvenzmechanismus kann somit ein wichtiges Instrument zur Krisenprävention sein. Außerdem sind durch eine solche Ordnung die Ausfallrisiken von Staatsanleihen und öffentlichen Krediten besser einzuschätzen, so dass die Gläubiger dem Staat bei einer möglicherweise unmittelbar bevorstehenden Insolvenz die Schulden nach rational-ökonomischen Überlegungen leichter erlassen.

Ob eine extreme Haushaltnotlage in einem Land wirklich besteht, die einen Schuldenschnitt unumgänglich macht, hat der Euro-Rettungfonds (ESM) zu prüfen. Generell gilt: Vor der Einführung einer Insolvenzordnung müssen die Altschuldenprobleme durch Konsolidierunganstrengungen der Länder gelöst werden. Letztendlich muss der Austritt eines Mitgliedstaates aus der Euro-Zone als Ultima Ratio möglich sein.

→ In Europa sind in den meisten Euro-Staaten Bankguthaben bis zu einer Höhe von 100 000 Euro pro Person und Institut durch nationale Einlagensicherungsysteme garantiert. Diese landesspezifischen Regelungen haben zur Folge, dass die Qualitäten der einzelnen Garantien von den Bonitäten jener Euro-Länder abhängen, in denen die betreffende Bank ihren Sitz hat. Das widerspricht im Grunde den Prinzipien eines einheitlichen Währungraumes. Deshalb werden gegenwärtig Pläne für die Einführung eines europäischen Sicherungsystems diskutiert (european deposit insurance scheme, EDIS). Damit entstünde ein Fonds, in den alle Unionländer einzahlten und aus dem im Schadenfall die Bankkunden bedient würden. Diese gemeinsame europäische Einlagensicherung wäre dann neben der unabhängigen Allfinanzaufsicht und dem Abwicklungsmechanismus die dritte Säule der geplanten Bankenunion.

→ Praktisch gibt es heute für die Finanzwelt zumindest im Euro-Raum keine nationalen Grenzen mehr. Infolgedessen war es naheliegend, in der Europäischen Union die Bankenaufsicht zu zentralisieren. Sachgerecht wäre es gewesen, die Kontrolle über die Geldhäuser einer neutralen Instanz zu übertragen. Dazu hätte es allerdings einer entsprechenden Änderung des EU-Vertrages bedurft. Fraglich ist, ob das in so kurzer Zeit zu erreichen gewesen wäre, wie nach den Vorstellungen der EU-

Gremien die Bankenunion entstehen soll. Folglich hat das Europa-Parlament in der Schnelle diese Aufgabe der Europäischen Zentralbank übertragen. Mit dieser Doppelfunktion der EZB als geldpolitische und zugleich kontrollierende Instanz ist die Gefahr möglicher Interessenkonflikte entstanden. Das ist bereits gegenwärtig der Fall, wenn die Zentralbankpolitik einerseits mit ihrer extremen Niedrigzinspolitik eine nachhaltige Depression zu verhindern sucht, andererseits aber durch eine solche Geldpolitik die Existenzgrundlagen der Banken gefährdet. Und genau das soll eine Kontrollinstanz durch rechtzeitiges Aufdecken von Schwachstellen verhindern. Es ist deshalb notwendig, für die Zukunft in dieser Frage eine systemkonforme Lösung zu finden.

Die gegenwärtig hartnäckig andauernde Krise in der EWWU drängt stärker denn je auf eine nachhaltige Reform. Deshalb ist es wichtig, dass die beteiligten Gremien so schnell wie möglich zu Ergebnissen gelangen.

Einführende Überlegungen Sommer 2015

INDUSTRIE 4.0

Mit der neu etablierten Plattform Industrie 4.0 ist eine umfassende und fortschreitende digitale Vernetzung von Leistungerstellung und Logistik sowie Leistungverwertung gemeint. Oft wird vom auslösenden Moment zur vierten industriellen Revolution[13] gesprochen. Bei konventionellen Automatisierungen in der analogen Welt sind Maschinen darauf programmiert, dass sie auf bestimmte Signale nur einzelne Funktionen übernehmen. Industrie-4.0-Szenarien umfassen dagegen ganze Systeme. Diese Systeme sind weitgehend verselbstständigt in den Reaktionen auf Impulse, im Planen weiterer Ablaufphasen und Generieren entsprechender Automatisierungprogramme sowie Überwachen der induzierten Prozesse. Die Schnittstellen zwischen Menschen und Maschinen haben sich insoweit grundlegend verändert. Reales und digitales, das heißt virtuelles Geschehen verschmelzen zusehends. Dabei entsteht ein vielschichtig zusammenhängendes Datenvolumen. Dieses verdoppelt sich nach Schätzungen alle zwei Jahre und führt zu Datenvolumina in Größenordnungen von Trillionen[14] (Big Data).

Wissen wird heute mehr denn je durch intensive Forschung erweitert. Aus den Forschungergebnissen werden unter Einsatz digitaler Techniken (IT-Technik) neuartige Güter entwickelt. Forschung und Entwicklung sind die Grundlagen für Industrie 4.0. Dieser Begriff bezieht sich aber nicht nur – wie der Ausdruck vermuten lassen könnte – auf neuartige

---

[13] Nach den technischen Revolutionen: 1. Dampfmaschine, 2. Elektrifizierung und Fließband sowie 3. Computer.
[14] 10^{18} = Exabytes; zukünftig auch darüber.

23

und fortlaufend weiterentwickelte materielle Güter, wie hochgradige Produktiongüter und Konsumwaren, bei denen ein wachsender Anteil der Wertschöpfung auf Halbleiter und Software entfällt; Industrie 4.0 umfasst auch die Entstehung immaterieller Güter. Dabei handelt es sich um Dienstleistungen, die sich aus den Daten der vernetzten Produktionprozesse herleiten und die technischen Neuerungen zum Einsatz bringen.

Seit dem Subprime-Desaster (US-Immobilienkrise), das über den Höhepunkt der Finanzkrise 2008 zur Banken- und gegenwärtig noch andauernden Staatsschulden- und Eurokrise geführt hat, hat sich das Wirtschaftwachstum weltweit noch nicht wieder erholt. Mit Industrie 4.0 und dem induzierten technischen Wandel als treibende Kraft kündigt sich aber in zahlreichen Industriestaaten ein zwar verhaltener, aber – wie es scheint – grundlegender Wiederanstieg der Wirtschaftaktivitäten an.

Der größte Teil der verfügbaren Rohstoffe wird im industriellen Bereich eingesetzt. Zusammen mit dem privaten Sektor wird hier auch die meiste Primär- und elektrische Energie in Anspruch genommen. In Anbetracht dessen, dass natürliche Ressourcen, wie Erdöl, Erdgas und zahlreiche Metalle, zunehmend knapper werden, können durch digital gesteuerte Wertschöpfungketten und die damit zu erreichenden effektiveren Steuerungen der industriellen Fertigungprozesse wichtige Voraussetzungen für nachhaltiges Wirtschaftwachstum geschaffen werden.

Die Vernetzung von Logistik, Leistungerstellung und Leistungverwertung wird weiter fortschreiten und sich über alle Ebenen der Volkswirtschaft erstrecken. Auch die privaten Haushaltungen werden zukünftig stärker davon erfasst werden. Auf diese herausfordernden Veränderungen müssen sich nicht nur Regierungen und Wirtschaft einstellen; auch die Identität der Gesellschaft wird sich weiter verändern. Das zeigt sich bereits heute im divergenten Wandel der Gewohnheiten, Interessen und Weltanschauungen nachfolgender Generationen.

Industrie 4.0 bewirkt eine grundlegende Neugestaltung der Arbeitwelt. Immer mehr Arbeitkräfte werden durch intelligente Algorithmen und Roboter ersetzt. Davon betroffen sind nicht nur ungelernte Mitarbeiter, sondern auch Menschen mit sogenannter wissenbasierter Berufausbildung, wie Facharbeiter, Bankangestellte, Anwälte, ja auch Ärzte erfahren gravierende Veränderungen in ihrem Berufleben. Andererseits wird zunehmend fachkundiges Personal für Software- und Kommunikationtechnologie sowie für 'Systems Engineering' benötigt. Neue Berufe mit neuen Aufgaben entstehen, wie beispielsweise 'Data Scientists', die aus der oft unstrukturierten Datenflut nützliche Informationen für anstehende Fragestellungen oder Zielvorgaben herausfiltern.

Die Arbeit wird zukünftig weniger raum- und zeitgebunden sein als das bereits heute der Fall ist. Flexible Einsätze, wie das Arbeiten vom heimischen Arbeitplatz aus oder der Arbeiteinsatz via Internet (Crowdworking), werden weiter zunehmen.

Die Mitarbeiter müssen umdenken und lernen, sich in moderne Produktionprozesse einzubringen. Das ist beispielsweise dann der Fall, wenn sie mit Robotern ('Automatischen Produktionassisten', Apas) intelligent vernetzt werden, die relevante Auftragdaten gespeichert haben und die menschliche Arbeitkraft fortlaufend durch Übermittlung wichtiger Informationen unterstützen (Cyber Physical System).

Weil mit steigender Tendenz Produkte am Computer entwickelt, getestet und die Produktionprozesse zuvor virtuell simuliert werden, sind Leistungen von Mitarbeitern gefragt, welche die dazu zum Einsatz kommenden Programme beherrschen. Sie müssen befähigt sein, komplexe Daten zu erfassen und zielorientiert aufzubereiten. Darüber hinaus sind selbstständiges und vorausschauendes Denk- und Einfühlungvermögen, Präzision, Kreativität, Verantwortungbewusstsein und auch die Fähigkeit sowie Bereitschaft zur Zusammenarbeit wichtige Voraussetzungen. Wer diese Eigenschaften nicht besitzt oder von seiner Veranlagung her nicht erwerben kann, wird es zukünftig immer schwerer haben, eine Beschäftigung zu finden. Oder er wird sich mit minderbezahlten Tätigkeiten begnügen müssen. Mit zunehmender Digitalisierung kommen einfache manuelle Tätigkeiten und Routinearbeiten immer weniger zum Einsatz und werden von Maschinen übernommen. Die Begleiterscheinungen der ersten industriellen Revolution im 18. Jahrhundert durch Einführung der Dampfmaschine und des mechanischen Webstuhls, wie steigende Erwerblosigkeit, Lohndumping und Arbeiteraufstände, gilt es zu vermeiden. Hier ist der Staat aufgerufen, prophylaktisch für ausreichende und qualitativ hochwertige Aus-, Weiter- und Fortbildungmöglichkeiten zu sorgen. Es muss verhindert werden, dass summa summarum mehr Arbeitplätze wegfallen als neue entstehen.

Durch die sich über die Staatsgrenzen hinaus ausweitenden digitalen Vernetzungen stehen die nationalen Volkswirtschaften vor fundamentalen Veränderungen. Weil Verfahren- und Produktinnovationen zukünftig mehr denn je für Produktivitätsteigerungen und damit für die internationale Wettbewerbfähigkeit der Länder ausschlaggebend sein werden, müssen Bereitschaft und Fähigkeit zu Innovationen sowie deren zügige Umsetzung gestärkt werden. Was nützt es, wenn die Unternehmungen eines Landes zwar in der Erarbeitung neuer Verfahren und Produkte erfolgreich sind, die internationale Konkurrenz aber kompatible Ideen schneller realisiert? Deshalb ist es für die Unternehmungen eines einzelnen Landes wichtig, Wissenvorsprünge zu erkämpfen, innovativ sowie technologisch breit aufgestellt und der Konkurrenz immer voraus zu sein. Diesem Vorhaben können Kooperationen mit Partnern aus der IT Branche dienen, die über ausreichende Referenzen verfügen. Auch sogenannte Start-ups können dafür infrage kommen, wenn deren oft außerordentlicher Ideenreichtum gegen Einbringung eigener Erkenntnisse und Erfahrungen nutzbar gemacht werden kann. Selbst Großunternehmungen bietet diese Möglichkeit die Chance, sich diversifikativ zu entwickeln. Insoweit kann der allseitige Schulterschluss für die Beteiligten von Nutzen sein.

Mit steigenden Datenübertragungen zwischen vernetzten Maschinen und digitalisierten Lieferketten über das Internet steigt die Gefahr von Datendiebstahl und Cyberangriffen durch Viren und Trojaner. Schädigende Programme, wie Stuxnet, Duqu und Flame, zielen auf digitale Kontrollsysteme und können dazu führen, dass infizierte Computer nach geheimen Konstruktionpatenten und neuen Produktdetails ausspioniert oder gar fremdgesteuert werden. Effiziente Verschlüsselungtechnologien sind mehr denn je gefragt. Absicherung und ständige Überwachung der Datenströme sind vordringliche Aufgaben bei Industrie-4.0-Anwendungen. Das ist wichtig, wenn beispielweise Maschinen über die Landesgrenzen hinaus zur Fernwartung und Datenanalyse durch das Internet miteinander verbunden sind. Eine besondere Herausforderung stellt die Sicherung von Daten dar, wenn die Kommunikation über weltweite Plattformen, wie Clouddienste großer US-Konzerne, abläuft.

Damit sich Forschung und Entwicklung auch in der grenzüberschreitenden Zusammenarbeit frei entfalten können, müssen zum Schutz der erarbeiteten Ergebnisse patent- und urheberrechtliche Bestimmungen allgemeinverbindlich aufgestellt werden. Dabei muss ein fairer Ausgleich zwischen den Interessen vor allem der Rechteinhaber und der Verbraucher geschaffen werden. Auch Haftungfragen müssen geklärt werden, wenn beispielweise Systeme autonom kommunizieren und auf Grund entsprechender Algorithmen Produktionfaktoren anfordern und den Erwerb – rechtsverbindlich – bewirken können. Alle Regelungen müssen praxisnah und branchenübergreifend[15] entschieden werden. Bei der Bekämpfung von Spionage, Sabotage und sonstigen kriminellen Einflussnahmen und bei der absoluten Notwendigkeit, gegen Cyberkriminalität sowohl national als auch international mit aller Härte vorzugehen, muss der Verbraucherschutz gewahrt werden.

Als Antwort auf Industrie 4.0 ist in den USA die Plattform 'Industrial Internet Consortium' (IIC) von Konzernen wie Cisco, IBM und General Electric gegründet worden. Inzwischen zählt der US-Pakt über 140 Mitglieder, darunter mit Bosch, Siemens und SAP auch deutsche Firmen. Die Mitgliederfirmen kooperieren durch Feldversuche. Dabei geht es nach deren Aussagen nicht um einen Wettbewerb der Standards, sondern um die Vielfalt der Forschungvorhaben. Alle Unternehmungen, von sogenannten Global Players bis hin zu Kleinunternehmungen, müssen sich den Herausforderungen von Industrie 4.0 stellen. Sie laufen sonst Gefahr, den Anschluss an digital vernetzte Wertschöpfungketten zu verfehlen und dadurch vom Effizienz steigernden sowie kostensenkenden Information- und Güterfluss ausgeschlossen

---

[15] Zweckmäßigerweise in enger Zusammenarbeit mit der Industrie, zum Beispiel mit der 'Allianz für Cybersicherheit' des Digitalverbandes Bitkom.

zu werden. Die bisher praktizierte Nischenpolitik wird es zukünftig nicht mehr geben. Andererseits ist die Einbindung auch kleinerer und mittlerer Unternehmungen in ihrer ganzen Breite unverzichtbar für durchgängig vernetzte Prozesse und damit letztendlich für den Erfolg von Industrie 4.0. Diese Firmen haben allerdings oft das besondere Problem, dass sie es sich nicht leisten können, einen Mitarbeiterstab zu finanzieren, der sich ausschließlich mit den Notwendigkeiten der Digitalisierung beschäftigt. Dann müssen sie sich an Kompetenzzentren wenden und gegebenenfalls Kooperationen eingehen. Kommt es dazu, ist es wichtig, dass sie ihre geschäftliche Unabhängigkeit aufrechterhalten. Auf alle Fälle muss gewährleistet sein, dass unternehmungspezifische Daten nicht unkontrolliert durch Dritte abgerufen werden können.

Der technische Fortschritt als treibende Kraft wirkt so gut wie in allen Wirtschaftbereichen.[16] Selbst die Landwirtschaft hat sich diesen Herausforderungen zu stellen. Im Jahr 2050 werden voraussichtlich mehr als neun Milliarden Menschen auf der Erde leben. Damit alle ausreichend und gesund ernährt werden können, müssen Mittel und Wege gefunden werden, um Ernteerträge und Produktqualitäten nachhaltig zu verbessern und Verluste nach der Ernte zu verringern. Nur eine fortschrittliche Landwirtschaft kann durch innovative Technologien die Versorgung mit Nahrungmittel in ausreichender Menge und die Gesundheit nicht gefährdender Qualität gewährleisten.

---

[16] Im Gesundheitwesen beispielweise werden in Feldversuchen Patienten telemedizinisch überwacht, indem unter anderem ihre Blutwerte, Körpertemperaturen, Pulsschläge automatisch über Mobilfunk an den Arzt gemeldet werden. Durch eine webbasierte Auswertungplattform in der Arztpraxis kann dann zeitnah überprüft werden, ob der Patient die richtige Menge Medizin eingenommen hat.

Berücksichtigt man die Qualitätverbesserungen der einzelnen Güter, dann sind im Verlauf der Jahre trotz numerischer Preissteigerungen die Preise – relativ – gesunken. Das gilt im Großen und Ganzen sowohl für Erzeugnisse des Maschinen-, Fahrzeug- und Anlagenbaus, der Elektrotechnikindustrie und anderer Industriebereiche als auch für Dienstleistungen, wie Kommunikation, Verkehr, Unterhaltung, Vermittlung, Beratung, Betreuung.

Industrie 4.0 ist Ausdruck dafür, dass die Industrieländer in ein neues Zeitalter eingetreten sind, das durch eine ständige Flut produktivitätsteigernder Produkt- und Dienstleistunginnovationen gekennzeichnet ist. Ihre gesamtwirtschaftlichen Auswirkungen unterscheiden sich deutlich von früheren Folgeerscheinungen durch flache Entwicklungen der zu Indizes zusammengefassten Preise und moderate Wachstumraten des Bruttoinlandproduktes. Fast alle Wirtschaftbereiche sind davon betroffen. Das gilt auch für den Finanzsektor, speziell für den Bankensektor. Insofern ist unter anderem zu überlegen, ob und wie das Ziel der Geldpolitik zukünftig dem neuen Trend angepasst werden muss.

Die Europäische Zentralbank (EZB) ist 1998 gegründet worden. Ihr Ziel ist die Gewährleistung der Preisniveaustabilität. In der Charta ist diese Marke nicht näher bestimmt. Weil Preise numerisch ausgedrückt und in gesamtwirtschaftlicher Sicht zu Indizes zusammengefasst werden, hat der EZB-Rat die operative Zielgröße durch den harmonisierten Verbraucherpreisindex konkretisiert. Die Ratsmitglieder waren sich dabei darüber im Klaren, dass es in der Wirtschaft nichts gibt, was absolut ist, und dass mit statistisch erhobenen Daten und den daraus errechneten Ergebnissen keine exakten Aussagen über die Wirklichkeit gemacht werden können. Deshalb nannten sie nicht einen bestimmten Indexwert als Zielgröße, sondern einigten sich auf einen Bereich 'zwischen null und zwei Prozent'. Damit war jede Teuerungrate von zwei Prozent und darunter bis null Prozent mit dem verbal definierten Ziel vereinbar.

Im Rezessionjahr 2003 veränderte der Rat die Bandbreite und das Niveau dieses Zieles auf 'unter, aber nahe zwei Prozent'. Der Zielbereich ist also eingeengt und im Hinblick auf die Nulllinie angehoben worden.

Obwohl die Preisentwicklungen seinerzeit wie heute vom äußeren Erscheinungbild her Ähnlichkeiten aufweisen, waren und sind die vorherrschenden Ursachen völlig andere. 2003 bestimmten vor allem konjunkturelle, also mehr kurzfristig wirkende Faktoren das wirtschaftliche Geschehen. Kurzfristige Störungen müssen grundsätzlich durch gegensteuernde, zielgerichtete Ad-hoc-Maßnahmen bekämpft werden. Es ist im Grunde unredlich, in einer solchen Situation die Zielsetzung den wirtschaftpolitisch verfehlten Entwicklungen anzupassen. Das wäre gerade so, als wenn man nicht erreichte Umweltziele durch nachträgliche Anpassung der Standards zu kaschieren versuchte. Eine sachgerechte Politik hätte unter den damaligen Rahmenbedingungen zielführende Maßnahmen erfordert und nicht Zielkorrekturen. Im Übrigen ist es nicht Aufgabe der Geldpolitik, Konjunkturpolitik zu betreiben. Ihre Aufgabe ist es, konform mit der Fiskalpolitik für eine Stabilisierung des Geldwertes zu sorgen.

Durch Industrie 4.0 haben sich die Rahmenbedingungen für den makroökonomischen Geschehenablauf geändert. Darauf hat sich die Geldpolitik einzustellen. Die Frage ist, ob die 2003 vorgenommene Änderung des geldpolitischen Zieles zumindest heute sachgerecht ist. Die gegenwärtigen und zukünftigen Preisentwicklungen werden wesentlich durch Industrie 4.0 geprägt. Das bedeutet, dass die fortschreitende Digitalisierung der Wirtschaft und die dadurch bewirkten

Produktivitätfortschritte in Zukunft preistreibende Einflüsse stärker als bisher kompensieren werden. Folglich muss die – sehr vage formulierte – Obergrenze des Zielspektrums von 'unter, aber nahe zwei Prozent' weiterhin diesen Entwicklungtendenzen angepasst werden.

Einführende Überlegungen Frühjahr 2015

NIEDRIGZINSPOLITIK
DER EUROPÄISCHEN ZENTRALBANK (EZB)

Ergänzende Überlegungen:

Zur umstrittenen Helikopterpolitik

Wegen der Unzulänglichkeiten bei der Datenerhebung zur Ermittelung des harmonisierten Verbraucherpreisindexes strebt die EZB eine jährlich berechnete Preissteigerungrate nicht von null, sondern in der Nähe von plus zwei Prozent an. 2003 hatte sie das Inflationziel zwischen 1,7 und 1,9 Prozent konkretisiert. Es ist symmetrisch: sowohl zu hohe als auch zu niedrige Inflationraten gilt es zu vermeiden. Tatsächlich bewegt sich die Teuerungrate in der Europäischen Währungunion (EWU) seit geraumer Zeit deutlich unter dieser Zielmarge mit zunehmendem Abstand. Das gilt auch für die Kerninflationrate, also ohne Berücksichtigung von Nahrungmitteln und Energie in dem der Berechnung des Preisindexes zugrunde liegenden Warenkorb. Ein Grund für diese Entwicklung ist die zunehmende digitale Vernetzung von Leistungerstellung und Leistungnutzung (Industrie 4.0) in vielen Bereichen der heute wissenbasierten Wirtschaft und die damit einhergehenden Produktivitätsteigerungen. Bei stagnierender oder gar rückläufiger Nachfrage sinkt folglich die Leistungerstellung und steigt die Erwerblosigkeit. Das gilt vor allem für die Euro-Krisenstaaten. Weitere Ursachen sind seit geraumer Zeit sinkende Erdölpreise und billigere Energieimporte sowie Korrekturen überhöhter Preise in einigen Ländern. Der sich verringernde Abstand zur Nulllinie, bei der nach allgemeinem Sprachgebrauch die sogenannte Disinflation in Deflation übergeht, lässt die zum Teil recht kontrovers geführten Diskussionen über notwendige

33

Interventionen der EZB als Hüterin der Währung immer heftiger werden.

Deflation, wie sie in den 1930er-Jahren auftrat, ist ein Prozess nachhaltig, also nicht nur vorübergehend sinkender Preise. Kennzeichen dafür sind nach bereits zuvor einbrechenden Wachstumraten des Bruttoinlandproduktes zunehmend rückläufige Wirtschaftaktivitäten, steigende Erwerblosigkeit und Lohnsenkungen. Verfestigen sich die Erwartungen weiterhin und dauerhaft fallender Preise, kommt es zu verstärkten Verlagerungen der Nachfrage in die Zukunft und zu einer Abwärtsspirale von Preisveränderungen unterhalb der zuvor zitierten Nulllinie. Die Realzinsen steigen. Das ist besonders problematisch für Unternehmungen und Haushaltungen mit hohen längerfristig gebundenen Schuldenständen. Der Preisverfall wirkt in der Tendenz restriktiv auf die Abschlüsse jener Verträge, bei denen durch sinkende Preise die realen Belastungen steigen, wie das beispielsweise bei Kreditverträgen und Arbeitverträgen im Hinblick auf den Schuldendienst und die Personalkosten der Fall ist. — Disinflation dagegen bedeutet sinkende Preisniveausteigerungen (zweite Ableitung!), also Verminderungen der statistisch festgestellten sogenannten Inflation.

Betrachtet man die EWU insgesamt und sieht man von besonderen Situationen in einigen Ländern ab, dann geht es zunächst darum, disinflatorische Entwicklungen zu stoppen, um ein Abgleiten in die Depression zu verhindern. Dazu setzt die EZB vor allem folgende Maßnahmen ein, die zum Teil heftig umstritten sind:

1) Senken der Leitzinsen;

2) Quantitative Easing (QE): Dabei handelt es sich um den Ankauf von Anleihen, Pfandbriefen und Kreditverbriefungen – letztere Asset-Backed-Securities (ABS) genannt – durch die

EZB. Sind Gegenstand dieser Operationen Staatsanleihen, welche die EZB auf Sekundärmärkten erwirbt, spricht man von 'Quantitative Easing durch Outright Monetary Transactions (OMT)'. Quantitative Lockerungen kommen dann in Betracht, wenn die Leitzinsen von der Zentralbank fast auf null oder möglicherweise bereits darunter gesetzt worden sind und zur Konjunkturstützung weiterhin eine expansive Geldpolitik erforderlich ist. Operationen dieser Art dienen ihrem Zweck nach der Aufrechterhaltung der geldpolitischen Wirkungkette. Die Funktionfähigkeit des gestörten Transmissionprozesses zwischen Notenbanken, Kreditinstituten und Realwirtschaft soll wiederhergestellt werden. Durch die Ankäufe werden bei den bisherigen Inhabern der Titel Ansprüche, die erst in der Zukunft fällig geworden wären, in gegenwärtig verfügbare Liquidität umgewandelt. Mit anderen Worten: Gebundenes Eigenkapital wird freigesetzt. Bei Geschäftbanken erhöhen sich die Kreditgewährungpotenziale, ihre Geldschöpfungspielräume erweitern sich.

3) Vergabe von Langfristkrediten an Geschäftbanken zu einem Zinssatz nahe null (Targeted Longerterms Refinancing Operations, TLTRO) mit Laufzeiten von ursprünglich drei[17] und jetzt vier Jahren.

Der Hauptgrund für die bisher ausbleibende wirtschaftliche Erholung in den meisten Ländern der Euro-Zone ist das generelle Überschuldungproblem. Viele Unternehmungen, private Haushaltungen und auch einige EU-Länder sind bestrebt, ihre hohen Schuldenbestände zu verringern. Dadurch sinken Nachfrage und Auftrageingänge bei den Unternehmungen. Andererseits sind die Geschäftbanken angesichts ihres oft knappen Eigenkapitals in Relation zu den

---

[17] Diese TLTRO Ende 2011/Anfang 2012 in Höhe von etwa einer Billion Euro wurden nach dem Mörsergeschütz aus dem Ersten Weltkrieg 'Dicke Berta' genannt.

risikobelasteten Aktiva in ihren Bilanzen bei der Kreditgewährung zurückhaltend. Summa summarum werden gegenwärtig mehr Kredite getilgt als neu vergeben. Insofern ist es verständlich, dass die EZB die Leitzinsen auf Tiefstände gesenkt hat, die Konditionen ihrer Kredite lockert und die Laufzeiten verlängert. Darüber hinaus ist sie bereit, die Bilanzen der Banken durch Aufkauf-Programme zu entlasten, damit diese mehr Kredite vergeben können.

Fraglich ist, inwieweit unter den aktuellen wirtschaftlichen Rahmenbedingungen mit den bisher ergriffenen und für die Zukunft geplanten geldpolitischen Maßnahmen die realwirtschaftlichen Abläufe zielgerichtet beeinflusst werden können. Es ist nicht sicher, dass durch eine expansive Geldpolitik die Banken in Europa mehr Kredite vergeben und andererseits die Unternehmungen mehr Kredite für Innovationen und Investitionen in Anspruch nehmen und damit die Konjunktur ankurbeln werden. Praktisch kann mit geldpolitischen Maßnahmen allein kein zusätzliches Wirtschaftwachstum bewirkt werden, wenn sich lediglich die Finanzierungbedingungen verbessern. Ohne umfassende strukturelle und fiskalische Reformen (vor allem: flexible Arbeitmärkte, weniger Bürokratie, wachstumadäquate Steuersysteme) und eine auf Infrastruktur, Bildung, Forschung und innovative Investitionen sowie fortschrittliche Internetdienste[18] gerichtete Realpolitik kann die Geldpolitik auf Dauer nicht erfolgreich sein.

Ziel der EZB-Politik ist eine Richtungänderung in der bisherigen Preisentwicklung in dem Sinne, dass die sogenannte Inflation wieder näher an das mittlere Ziel von knapp unter zwei Prozent herangeführt wird. Dazu hat die EZB den im Juni 2013 bereits auf minus 0,1 Prozent

---

[18] analog der deutschen 'Digitalen Agenda'.

reduzierten Einlagensatz am 5. Juni 2014 noch einmal auf minus 0,2 Prozent gesenkt. Ein negativer Einlagensatz bedeutet gewissermaßen die Erhebung von Strafzinsen auf Bankguthaben bei der EZB. Im Grunde kommt das einer Steuer auf Bankeinlagen gleich. Dadurch sollen die Geldinstitute dazu gedrängt werden, mehr Kredite an die Realwirtschaft zu vergeben. Das setzt allerdings voraus, dass die Banken die Risiken der Kreditvergabe tragen können und dazu auch bereit sind. Das ist nicht überall in der Euro-Zone der Fall. Auch sollen Banken mit überschüssiger Liquidität bereitwilliger als bisher dazu veranlasst werden, diese Mittel über die Interbankenmärkte anderen Kreditinstituten mit unzureichendem Geldschöpfungpotenzial zur Verfügung zu stellen.

Ob in der gegenwärtigen Situation die Kreditinstitute auf Grund dieses Strafzinses den Wünschen der EZB generell entsprechen werden, ist fraglich. Negative Leitzinsen können eher zu unerwünschten Ausweichreaktionen führen. Zum einen können die Banken die Zusatzkosten über höhere Kreditzinsen (und Bankgebühren) auf Ihre Kunden überwälzen, was in der gegenwärtigen Wirtschaftlage nicht situationgerecht wäre. Zum anderen können die Kreditinstitute sich veranlasst sehen, ihre Zentralbankguthaben durch vorzeitige Rückzahlungen teurer Anleihen zu senken, anstatt durch Kreditvergabe die umlaufende Geldmenge zu erhöhen. Außerdem ist zu bedenken, dass negative Einlagenzinsen die Wirkung von Outright Monetary Transactions im Rahmen von Quantitative-Easing-Programmen beeinträchtigen können. Das wird dann der Fall sein, wenn die Banken die Erlöse aus dem Verkauf der Staatspapiere nicht sofort wieder für die Vergabe von – aus ihrer Sicht – vertretbaren Krediten einsetzen können und zeitweise bei der EZB parken müssen, wofür sie dann Strafzinsen zu entrichten haben.

Nach Artikel 123 des Vertrages über die Arbeitweise der Europäischen Union ist es der EZB verboten, Staatsfinanzierung zu betreiben. Insofern darf sie öffentliche Anleihen nicht direkt vom Emittenten übernehmen. Kontrovers wird die Frage diskutiert, ob sie gegen Artikel 123 auch dann verstößt, wenn sie die Staatstitel auf Sekundärmärkten erwirbt. Da solche OMT die Liquidität der Staatshaushalte nicht unmittelbar erhöhen, stellen sie – streng genommen – keine Staatsfinanzierung dar. Mit ihnen soll lediglich erreicht werden, dass sich die Zinsen für Schuldverschreibungen der betreffenden Staaten verringern und ihnen so die Aufnahme neuer Kredite am Kapitalmarkt erleichtert wird.

Im Mai 2010 gab der damalige EZB-Präsident, Jean-Claude Trichet, dem Drängen der Mitgliedstaaten nach und erklärte, die EZB werde – wenn nötig – über ein QE-Programm staatliche Schuldverschreibungen der Krisenländer in unbegrenztem Umfang über Drittmärkte ankaufen. Damit sollte ein Auseinanderbrechen der Währungunion verhindert werden. Allein die Ankündigung eines solchen Anleihenkaufprogramms senkte die Risikoprämien für Anleihen der Problemländer. Die vorgesehene selektive Verteilung der Interventionmittel fand allerdings wenig Zustimmung bei jenen Ländern, die nicht in das Stützungprogramm involviert waren. Darüber hinaus wurden Befürchtungen geäußert, die Krisenländer könnten sich nun nicht mehr oder zumindest nur noch in geringerem Maße veranlasst sehen, ihre Staatsschulden abzubauen und Strukturreformen konsequent durchzuführen. Besonders für diese Länder seien doch grundlegende Sanierungen zwingend erforderlich, damit sie in der Union wieder den wirtschaftlichen Anschluss fänden.

Am 22. Januar 2015 hat der EZB-Rat ein erweitertes QE-Programm verabschiedet. Danach werden zusätzlich zu den Papieren der bereits bestehenden Programme[19] ab März 2015 zunächst bis September 2016 auch Staatsanleihen[20] mit gutem Rating gegen Zentralbankgeld aus dem Markt genommen, und zwar in Höhe von monatlich 60 Milliarden Euro, über den gesamten Zeitraum also in Höhe von insgesamt 1,14 Billionen Euro. Es unterscheidet sich von dem im Jahre 2010 angekündigten Konzept im Wesentlichen darin, dass zukünftig die Mittel nicht mehr selektiv nur zum Ankauf von Bonds aus notleidenden Ländern eingesetzt werden. Vielmehr werden jetzt alle Mitgliedstaaten flächendeckend in das Programm einbezogen. Folglich war zunächst zu klären, nach welchen Kriterien die zusätzlich in die Märkte zu injizierende Liquidität auf die Bonds der einzelnen Länder aufgeteilt werden soll. Schließlich ist dieser Verteilungschlüssel maßgebend dafür, welche Länder von dem Ankaufprogramm am meisten profitieren oder für welche Regierungen der Mitgliedstaaten sich die Finanzierungbedingungen voraussichtlich am günstigsten entwickeln werden.

Für die Verteilung kamen drei Varianten in Betracht: die Verteilung nach den Anteilen der nationalen Zentralbanken am EZB-Kapital[21], die Verteilung nach den Gesamtvolumina der jeweils ausstehenden marktkapitalisierten Staatsschulden ('Markttiefe') oder nach deren Verzinsung. Die Entscheidungträger mussten sich im Klaren darüber sein, dass bei Anwendung dieser oder anderer Verteilungschlüssel

---

[19] wie Pfandbriefe und kreditgesicherte Wertpapiere.
[20] sowie Anleihen von europäischen Institutionen und Emittenten mit Förderungauftrag, wie zum Beispiel der EU-Finanzierunginstitution (European Stability Mechanism, ESM) und der Europäichen Investitionbank (EIB).
[21] im Grunde genommen also nach der Wirtschaftkraft der einzelnen Mitgliedländer.)

Nebeneffekte auftreten können, die nicht unbedingt zielkonform sind. Der Rat beschloss, die Verteilung nach den EZB-Kapitalanteilen vorzunehmen. Ohne länderspezifische Obergrenzen für den Ankauf der Schuldtitel hätte das aber zur Folge gehabt, dass die größten Teilbeträge des Programms auf die wirtschaftlich leistungstärksten Mitgliedländer – beispielsweise Deutschland – entfielen. Damit wäre die Zinsbelastung für diese Länder stärker gesunken als für die bedeutend leistungschwächeren Krisenstaaten. Um dem entgegenzuwirken, wird die Zentralbank nur bis zu maximal 33 Prozent der bis dato entstandenen Staatsschulden des jeweiligen Euro-Landes aufkaufen.

Die Option der EZB, den Ankauf der Staatsanleihen durch die nationalen Zentralbanken durchführen zu lassen und die Verlustrisiken auf diese zu verlagern, verstößt im Grunde gegen die Regeln einer gemeinsamen, einheitlichen Geldpolitik. Denn diese basiert auf dem Prinzip der Gemeinschafthaftung. Durch die 'Renationalisierung' der Haftungrisiken nähert sich die Geldpolitik zunehmend der Fiskalpolitik. Was aber noch schwerer wiegt, ist die Tatsache, dass dadurch der mäßigende Effekt auf die Risikozuschläge der Anleihen hoch verschuldeter Staaten – und um diesen geht es ja schließlich – deutlich geringer ausfallen wird.

Um diese nicht zielgerechte Begleiterscheinung zumindest etwas abzuschwächen, werden nach dem Beschluss des EZB-Rates 20 Prozent der aufgekauften Staatsanleihen weiterhin der gemeinsamen Risikohaftung unterliegen, wovon die EZB acht Prozent übernehmen wird. Für die restlichen 80 Prozent tragen die nationalen Zentralbanken das Risiko. Das bedeutet letztendlich, dass die Steuerzahler der jeweiligen

Mitgliedländer haften, weil sie gewissermaßen[22] als 'stille Eigentümer' ihrer Zentralbanken anzusehen sind.

Der EZB-Rat hätte mit einem ergänzenden Beschluss, dass nur Anleihen von Ländern gekauft würden, die nach dem Urteil der EU-Kommission ihre vertraglichen Verpflichtungen ('Compliance') erfüllen, die Notwendigkeit von Strukturreformen verdeutlichen und der mahnenden Aufforderung dazu mehr Nachdruck verleihen können. Das hätte sicherlich die Bereitschaft der Länder zur Durchführung dieser in die Zukunft gerichteten Maßnahmen stimuliert. Hier stellt sich allerdings erneut die Frage, ob die EZB mit der Beeinflussung solcher nicht unmittelbar auf den Finanzbereich gerichteten Entscheidungen ihre Kompetenzen überschritten hätte. Im Prinzip geht es bei der Beurteilung der Vereinbarkeit von EZB-Maßnahmen mit geldpolitischen Grundsätzen um die Frage: Was ist Geldpolitik, und wo liegen ihre Grenzen?

Nach internationalen Kapitalregeln des Baseler Bankenausschusses dürfen Banken einem einzelnen Schuldner summa summarum nicht mehr Kredite als höchstens ein Viertel ihres jeweiligen Eigenkapitals gewähren (Artikel 395 'Capital Requirement Regulation, CRR). Im QE-Ankaufprogramm vom 22. Januar 2015 werden Staatsanleihen europäischer Mitgliedländer generell als risikolose Anlagen eingestuft und insoweit keinen Ankaufbeschränkungen unterworfen. Aus stabilitätpolitischen Gründen sollten aber auch dem Ankauf von Bonds 'Großkreditgrenzen' gesetzt werden, so wie für jeden anderen Kredit auch. Da die Euro-Zone aus 19 Mitgliedstaaten besteht, gibt es genug Spielraum für das erweiterte QE-Programm.

---

[22] Im Sinne von: Sinn, Hans-Werner, Europas Schattenbudget, in: 'Deutsches Handelsblatt' vom 09.02.2015, Seite 48.

Im Hinblick auf die QE-Programme ist noch eine besonders wichtige Frage zu klären. Soll es der EZB erlaubt sein, neben einfach abgesicherten, transparenten Schuldverschreibungen auch ABS-Papiere zu erwerben? Diese Papiere sind mit einer großen Zahl jeweils gleichartiger Anleihen mit höchst unterschiedlichen Sicherheiten unterlegt. Das Problem dieser Anleihenpakete besteht darin, dass die Dokumentation der zugrunde liegenden Sekuritäten oft unzureichend ist und diese deshalb schwer zu bewerten sind. Mit diesen komplexen Finanzinstrumenten lassen sich Kreditrisiken nicht nur streuen, sondern auch verschleiern. 2008 waren international veräußerte ABS-Papiere aus den USA, die mit schlecht dokumentierten und fehlbewerteten hochbrisanten Hypothekenforderungen unterlegt waren, Auslöser des 'Subprime-Desasters' und in der Folge einer weltweit eskalierenden Finanz- und anschließenden Wirtschaftkrise. Seitdem gelten diese gebündelten Anleihen als diskreditiert und haben den Ruf, 'Giftpapiere', 'Teufelpapiere' oder 'Massenvernichtungwaffen' zu sein. Da sie zur Liquiditätbeschaffung jederzeit erneut missbräuchlich eingesetzt werden können, bedeutet der Ankauf von ABS-Papieren durch die EZB ein besonderes Risiko für die Europäische Gemeinschaft, die für die EZB haftet. Das ist letztendlich die Gesamtheit der Steuerzahler in den Mitgliedländern. Insofern sollte eine der Öffentlichkeit verpflichtete Zentralbank nur einfache und transparente Papiere höchster Qualität, also Papiere mit dem geringsten Risiko ('Senior-Tranches') kaufen dürfen. ABS-Papiere sind im Gegensatz dazu äußerst komplex und undurchsichtig, weil in ihnen eine sehr große Zahl von Obligationen unterschiedlicher Bonität gebündelt ist. Die Ausfallwahrscheinlichkeit dieser Schuldverschreibungen kann allenfalls die kreierende Bank einschätzen. Und das kann sie nur dann, wenn sie die Konzentration- und Korrelationrisiken zwischen den zusammengefassten Krediten kennt. Deshalb ist es für potenzielle Käufer schwierig, die ABS-Papiere mit hohem und höchstem Ausfallrisiko ('Mezzanine-Tranches' oder gar 'Equite-Tanches') von vornherein zu erkennen.

Durch die Anfang 2011 begonnenen Langfristkredite (Targeted Longerterms Refinancing Operations, TLTRO) soll erreicht werden, dass die Banken ihre Kernaufgabe, nämlich die Versorgung der Unternehmungen mit Fremdkapital, breitflächiger erfüllen. Vor allem in den südeuropäischen Ländern sollen die dort ansässigen Firmen großzügig mit Krediten versorgt werden. Das hängt aber nicht nur vom 'Können', das heißt dem Geldschöpfungpotenzial der Kreditinstitute ab, sondern auch von deren 'Mögen'. Kreditanträge werden von den Banken nur bei ausreichender Bonität der Antragsteller angenommen. Diese zu verbessern ist nicht Aufgabe der Geldpolitik. Allenfalls die Finanzpolitik kann durch Veränderungen der wirtschaftlichen Rahmenbedingungen global Einfluss darauf nehmen.

In der gegenwärtigen Wirtschaftlage erscheint es zahlreichen Kreditinstituten lukrativer und weitaus weniger riskant, wenn sie sich über TLTRO refinanzieren und – anstatt zusätzliche Kredite an die Wirtschaft zu vergeben – hochverzinsliche Staatsanleihen erwerben oder teure Bankanleihen ablösen. Insofern ist es nicht verwunderlich, dass TLTRO-Interventionen in der ersten Runde 2011 und 2012 ihr Ziel verfehlten. Deshalb sind zukünftig TLTRO-Kredite an die Bedingung geknüpft, dass die Banken ihr bisheriges Kreditvolumen um das Ausmaß der in Anspruch genommenen Langfristkredite erhöhen ('Funding for Lending'). Gleichzeitig mit diesem Beschluss ist die Laufzeit dieser Zentralbankkredite von drei auf vier Jahre heraufgesetzt worden. Das gilt aber nur dann, wenn das durch die TLTRO erweiterte Kreditvolumen für diese Zeit aufrechterhalten wird.

Anderenfalls sind die Kredite bereits nach zwei Jahren zurückzuzahlen.

Ob damit das Ziel dieser Maßnahme erreicht werden kann, ist fraglich. Denn die Banken können nach wie vor mit den TLTRO-Mitteln öffentliche Anleihen kaufen und dann nach zwei Jahren die EZB-Kredite einfach wieder zurückzahlen. Wollte man ein solches dem eigentlichen Zweck dieser Maßnahme zuwiderlaufendes Verhalten verhindern, müssten die Kreditgewährungen mit wesentlich strengeren Auflagen versehen werden. Zu denken wäre dabei an einen strikt einzuhaltenden zeitnahen Nachweis der zielgerichteten Mittelverwendung. Auch Strafzinsen könnten erhoben werden. Beide Vorkehrungen sind vorerst nicht getroffen worden. Insofern ist zu erwarten, dass die Banken auch in Zukunft zumindest einen Teil dieser Liquidität nicht an Unternehmungen und private Haushaltungen weitergeben werden. Der Rückgang des Kreditvolumens in der Euro-Zone wird folglich kaum im Ausmaß der EZB-Erwartungen aufgehalten werden können.

Obwohl der Außenwert einer Währung keine Zielvariable der Zentralbankpolitik ist, kann über den Wechselkurs durch die gegenwärtig von der EZB verfolgte Politik ein positiver Effekt resultieren. Weil die bei den Banken in Euro gehaltene Liquidität außerordentlich niedrig verzinst oder gar mit Strafzinsen belegt wird, kommt es verstärkt zu Kapitalverlagerungen in das Euro-Ausland, soweit die dort erzielbaren Erträge über den bewerteten Risikoerwartungen liegen. Der daraufhin sinkende Wechselkurs der Gemeinschaftwährung erhöht in der Tendenz die Wettbewerbfähigkeit der Unternehmungen in den Euro-Ländern. Vorbereitungen in den USA und Großbritannien, im weiteren Verlauf des Jahres eine Zinswende einzuleiten, unterstützen diesen Effekt. Durch steigende Exporte können die induzierten

Aktivitäten Wirtschaftwachstum fördern, den preissenkenden Tendenzen entgegenwirken und so zur Preisstabilität im Sinne der EZB-Zielsetzung beitragen. Zielführend sind auch die mit sinkendem Wechselkurs sich verteuernden Importe.

Sinkende Zinsen beeinflussen die wirtschaftliche Situation der Unternehmungen nicht nur über den in gleicher Richtung sich verändernden Wechselkurs. Auch über die Kosten und die Eigenkapitalquote haben sie sowohl positive als auch negative Wirkungen. Positiv wirken sinkende Zinsen auf die Kosten der Fremdfinanzierungen, sobald bisher bestehende, höher verzinste Verbindlichkeiten durch erneut abgeschlossene Kreditverträge mit niedrigeren Zinsen abgelöst werden. Andererseits vermindert sich mit sinkenden Marktzinsen der Abzinsungfaktor, der die gegenwärtig bewertete Höhe der langfristigen Verpflichtungen zu Betriebrenten bestimmt. Je niedriger dieser Faktor ist, umso höher ist der Gegenwartwert der betrieblichen Versorgungzusagen. Das zwingt die Unternehmungen zu deutlich höheren bilanziellen Rückstellungen, wodurch deren Eigenkapitalposition gemindert wird. Während Großunternehmungen die zusätzlichen Rückstellungen aus den Gewinnen eher umbuchen können, stehen kleinere Unternehmungen oft vor existenziellen Problemen.

Die QE-Interventionen auf Grund des Beschlusses des EZB-Rates vom 22. Januar 2015 werden die Märkte für handelbare Anleihen zunehmend einengen, attraktive Anlage-möglichkeiten verknappen und die ohnehin schon hohen Preise an den Finanz- und Immobilienmärkten voraussichtlich weiter in die Höhe treiben. Andererseits ist zu erwarten, dass Banken, die Schwierigkeiten bei der Erfüllung der vorgeschriebenen Kapitalpuffer haben, sich kaum mit den in ihren Bilanzen stehenden Staatsanleihen (Level-1-Assets) an dem EZB-Programm beteiligen werden. Es ist zu befürchten, dass Engpässe, steigende Kurse und folglich sinkende Renditen zu Marktverwerfungen führen und die Finanzstabilität gefährden. Nutznießer dieser Entwicklungen sind wohlhabende Bürger mit angereicherten Wertpapierdepots und umfangreichem Immobilienbesitz. Benachteiligt sind demgegenüber durch Niedrigzinsen unter Berücksichtigung des realen Geldwertschwundes vor allem jene Privatpersonen, die ihre Einkommen für die zukünftige Altersversorgung in Eurowährung sparen. Bei länger andauernder Niedrigzinsphase können sich die sozialen Diskrepanzen zwischen den unterschiedlichen Bevölkerungschichten verschärfen.

Von Niedrigzinsen betroffen sind auch Banken, die überwiegend klassische Einlagen- und Kreditgeschäfte betreiben.[23] Für sie wird es durch die sinkenden Margen zwischen Kreditor- und Debitorzinsen immer schwieriger, angemessene Erträge zu erzielen. Das kann diese Kreditinstitute dazu veranlassen, das Schwergewicht ihrer Aktivitäten zukünftig auf die riskanteren Geschäftsfelder des Investmentbankings zu verlagern. Auch Lebenversicherunggesellschaften, die ihre Beitrageinnahmen bisher in großem Umfang in langfristigen Staatsanleihen angelegt haben, werden bei länger andauernden Zinstiefständen zunehmend Schwierigkeiten haben, ihren Kunden attraktive Renditen zu bieten. Daher besteht die Gefahr, dass auch sie die ihnen anvertrauten Gelder immer risikoreicher anlegen werden, um wenigstens noch vertretbare Renditen zu erzielen. Das soll mit dem risikobasierten Kapitalstandard Solvency II verhindert werden. Dieser ist eine Weiterentwicklung der bereits heute vorgeschriebenen strengen Kapitalregeln 73/239/EWG und

---

[23] In Deutschland sind das vor allem die Sparkassen und Genossenschaftbanken.

wird 2016 in Europa allgemeinverbindlich. Danach müssen die Versicherer riskante Geschäfte zukünftig mit noch mehr Eigenkapital unterlegen.

In der Sorge, dass vor allem die extrem niedrigen Zinsen zu Übertreibungen an den Finanz- und Immobilienmärkten führen könnten, ermahnt die Bank für Internationalen Zahlungausgleich (BIZ) die Zentralbanken, den Ausstieg aus der stark expansiven Geldpolitik nicht länger aufzuschieben, sondern vorzubereiten und baldmöglichst damit zu beginnen. Sollte das zu spät geschehen, dann bestehe die Gefahr, dass in der nächsten Konjunkturflaute für die Geldpolitik nicht genügend Spielraum für gegensteuernde, die Fiskalpolitik eskortierende Maßnahmen bestehe. Es sei bereits heute zu erkennen, dass die Geldschwemme in der Realwirtschaft nicht ankomme, sondern an den Finanzmärkten Zeichen für Blasenbildungen setze. – Dennoch, für den Euroraum kann festgestellt werden: In der gegenwärtigen Situation allgemein schwacher Konjunktur und weiterhin gedämpfter Preisaussichten ist eine expansive Geldpolitik vom Grundsatz her vorerst noch gerechtfertigt. —

(Ergänzende Überlegungen: Zur umstrittenen Helikopterpolitik)

Auf dem Höhepunkt der Finanzkrise erschien es den Geschäftbanken aufgrund der allgemeinen Lage auf den Finanzmärkten und der allseits herrschenden Unsicherheit über den weiteren Konjunkturverlauf lukrativer und weitaus weniger riskant, die über Targeted Longerterms Refinancing Operations (TLTRO) erlangten Mittel anstatt über Kredite an Unternehmungen und Haushaltungen weiterzugeben als zum Erwerb hochverzinsliche Staatsanleihen und zur Ablösung teurer Bankanleihen einzusetzen. Folglich konnte die EZB mit der in den Geldkreislauf eingeschleusten Liquidität die erhofften Wirkungen nicht oder zumindest nicht in der herkömmlichen Weise erzielen. Das hat dazu geführt, dass seither eine im Grunde utopische Idee von Milton Friedman erneut diskutiert wird. Dieser hatte 1969 zur drastischen Bekämpfung von Depression und Rezession die Metapher *Helikoptergeld* als vom Grundsatz her erwägenswerte Maßnahme geprägt. Der Grundgedanke betrifft eine Situation, wie sie vor kurzem noch gegenwärtig war und jederzeit erneut entstehen kann, in der die in die Finanzmärkte eingeschleuste Liquidität nicht die eigentlichen Adressaten erricht.

Das utopische Gedankenmodell, das dem Begriff Helikoptergeld zugrunde liegt, besteht darin, bei der Geldschöpfung durch die Zentralbank das zusätzliche Geld unter Umgehung des Bankensektors auf direktem Wege den potentiellen Konsumenten und Produzenten innovativer Projekte zukommen zu lassen. Das Gedankenspiel ist folgendes: — *Aus aufsteigenden Helikoptern könnten Banknoten über dem Gebiet der Volkswirtschaft abgeworfen werden. Die Bevölkerung würde die Geldscheine aufheben und zumindest teilweise zum Erwerb von Konsumgütern verwenden beziehungweise zur Finanzierung zusätzlicher unternehmeri-scher Aktivitäten einsetzen. Wäre die abgeworfene Geldmenge groß genug, stiegen Nachfrage und Wirtschaftaktivitäten und brächten den Preisverfall zum Stillstand.*

Friedman wollte mit dieser nur im übertragenen Sinne zu verstehenden Maßnahme zum Ausdruck bringen, dass es immer Mittel und Wege gibt, rezessiven Entwicklungen wirksam zu begegnen. Der Präsident der Europäischen Zentralbank (EZB), Mario Draghi, sprach in diesem Zusammenhang nach einer Ratsitzung im März 2016 von einem 'interessanten Konzept'.

Für die praktische Umsetzung der Helikopterpolitik sind dazu seinerzeit verschiedene Varianten in die Diskussion eingebracht worden:

→ In enger Anlehnung an das Gedankenspiel von Milton Friedman könnten die Zentralbanken allen Bürgern einen Scheck über einen bestimmten Geldbetrag zustellen oder allen Bürgern diesen Betrag auf eigens dafür eingerichtete Notenbankkonten gutschreiben. Das wäre auch unter Zwischenschaltung der jeweiligen Regierungen denkbar, indem die EZB den Exekutiven das Geld gegen nicht zu tilgende Anleihen überweist. Diese müssten dann das Geld in Form von Konsumgutscheinen oder sonstigen Gutschriften an die Bürger weiterreichen. Konsumgutscheine und Schecks sollten dabei mit Verfalldaten versehen werden, damit diese Kaufkraft vergegenständlichenden Papiere nicht gehortet werden. — Zu erwägen wäre in diesem Zusammenhang, mit diesen Eingriffen in das Wirtschaftgeschehen uno actu verteilungpolitische Ziele zu verfolgen, indem die Transferierungen mit sinkenden Einkommen der Adressaten progressiv erhöht werden. Das steigerte die Effizienz dieser Maßnahme, weil sich im Allgemeinen die Konsumquoten umgekehrt proportional zu den Einkommenhöhen verändern.

→ Die EZB könnte über die Zentralbanken der einzelnen Mitgliedstaaten Anleihen der Regierungen sowohl auf den Sekundär- als auch den Primärmärkten[24] ohne Zeitlimit ankaufen, also dauerhaft in ihren Bestand aufnehmen. Gleiches gilt für Anleihen staatlicher Förderbanken.[25] Regierungen und Förderbanken könnten dann davon ausgehen, diese Mittel nicht mehr rückzahlen zu müssen, zumindest nicht in absehbarer Zeit. Sie hätten damit die Möglichkeiten, anstehende Infrastrukturmaßnahmen und

---

[24] obwohl das der EZB nach den bisher geltenden Artikeln 123 des EU-Vertrages und Artikel 21 der EZB-Statuten verwehrt ist; das müsste gegebenenfalls geändert werden.
[25] in Deutschland beispielsweise von der Kreditanstalt für Wiederaufbau.

sonstige zukunftorientierte Projekte zu finanzieren. Darauf eventuell zu zahlende Zinsen kämen bei resultierenden Zentralbanküberschüssen am Ende des Rechnungjahres den Ländern ohnehin zugute.

→ Das Europaparlament könnte beschließen – das wäre eine weitere Möglichkeit – ein Spezialkonto bei der EZB einzurichten, auf dem die Zentralbank ad hoc Gutschriften erteilen kann, wenn rezessive und deflationäre Entwicklungen dies angezeigt erscheinen lassen. Parlamente und Regierungen der EU-Länder könnten dann entscheiden, wann und wie diese Guthaben nach einem länderspezifischen Verteilungschlüssel nachfragewirksam einzusetzen sind. Diese Variante entspricht weitgehend einem Vorschlag des ehemaligen Präsidenten der US-Notenbank, Ben Bernanke, den dieser im Jahr 2002 für die USA gemacht hatte.

Gegen die Helikopterpolitik wird hauptsächlich eingewendet, sie sei im Kern Fiskalpolitik, und dafür habe die EZB kein Mandat. In der Tat kann gegen eine Geldschwemmenpolitik dieser Art eine Vermischung von Geld- mit Fiskalpolitik gesehen werden. Wenn allerdings diese Eingriffe in den Wirtschaftablauf grundsätzlich nach Abstimmung zwischen den beteiligten Institutionen geschähe und die EZB die Absprachen immer unter strenger Beachtung des ihr durch das übertragene Mandat gesetzten geldpolitischen Zieles sowie aus freien Entscheidungen träfe, wäre darin kein Überschreiten ihrer Kompetenzen zu sehen.

Ein durch Helikoptergelder ausgelöster 'Geldregen' verlängerte die Bilanzen der Notenbanken. Führte das zu sinkendem Vertrauen in die Euro-Währung und damit zu sinkendem Euro-Wechselkurs, dann stiegen im Allgemeinen die Exporte aus dem Euro-Raum. Andererseits verlagerte sich die bisher in das Ausland gerichtete Binnennachfrage zunehmend in das Inland, soweit das im Hinblick auf die bestehenden Geschäftverbindungen, fristengebundenen Verträge und Besonderheiten der mit dem Ausland ausgetauschten Güter möglich wäre. Beide Entwicklungen bewirkten Nachfrageimpulse, die bei ausreichender Dynamik den harmonisierten Verbraucherpreisindex in die gewünschte Richtung, also gegen zwei Prozent bewegten.

Auch wenn die Zentralnotenbank erklärte, dass sie die im Gegenzug zur Liquiditätschöpfung erworbenen Anleihenpapiere dauerhaft in ihren Bestand aufnehmen werde, würde irgendwann einmal die Situation eintreten, in der die anziehende Konjunktur und damit die Annäherung an die geldpolitische Zielsphäre eine Rücknahme der vormals in den Geldkreislauf geschleusten Helikoptergelder erforderte, und zwar auf das mit dem monetären Gleichgewicht vereinbarende Niveau. Das erübrigte sich nur dann, wenn in der Zwischenzeit das Wirtschaftwachstum die stabilitätkonforme Geldmenge im selben Ausmaß erhöht hätte. — Sollte das nicht der Fall sein, bestände die Gefahr, dass der EZB in dieser außergewöhnlichen Situation die Rückführung des Geldvolumens auf das stabilitätkonforme Niveau nicht gelänge, der in Gang gekommene Preisauftrieb außer Kontrolle geriete und schließlich in einer Hyperinflation endete.

Wenn Kaufkraft verkörpernde Mittel wie 'Manna vom Himmel fielen', würde damit ein bedenklicher Präzedenzfall geschaffen. Die Bürger machten die Erfahrung, dass auch ohne persönlichen Einsatz Einnahmen und damit Anwartschaften auf das Inlandprodukt erzielt werden könnten. Die Bedeutung der Leistung als eine der wichtigsten Voraussetzungen für Erfolg, Einkommenerzielung und Wohlstand würde gemindert. Helikoptergeld unterminierte insoweit die Grundfesten einer freiheitlichen Wirtschaftordnung.

Einführende Überlegungen Herbst 2014

BANKENUNION INNERHALB DER EU

Der Beschluss der 28 Mitgliedstaaten der Europäischen Union (EU) im Juni 2012 zur Gründung einer Bankenunion ist Ausdruck eines deutlichen politischen Bekenntnisses zu Europa. Ist mit diesem ehrgeizigen EU-Projekt ein historisch bedeutsamer Schritt in Richtung weiterführender Integration, vor allem des europäischen Finanzsektors gemacht worden? Wird die Bankenunion die Wirtschaft- und Währungunion wieder stärker zusammenführen und die Bedingungen für Wirtschaftwachstum verbessern? Nach drei Jahrzehnten geldpolitischer Deregulierung, die Europa an den Rand des finanziellen Abgrunds geführt hat, geht es nunmehr darum, Vorkehrungen zu treffen, damit zukünftig desaströse Entwicklungen wie in den Folgejahren von 2008 verhindert werden.[26]

Über einen demokratischen Grundsatz muss von vornherein Klarheit bestehen: Solange es keine voll ausgestaltete politische Union gibt, müssen im europäischen Verbund für Zahlungen direkt aus den Budgets der Mitgliedstaaten an notleidende Partnerländer die nationalen Parlamente das letzte Entscheidungrecht behalten. Die im Artikels 125 des Lissabonner Vertrages (AEUV[27]) verankerte No-bail-out-Klausel, wonach weder einzelne Teilnehmerländer noch die Gemeinschaft als Ganzes für Verbindlichkeiten und Schulden anderer Mitgliedländer haften oder aufzukommen haben, ist ohne eine übergeordnete politische Gesamtverantwortung

---

[26] insbesondere wie in Irland, Spanien und Zypern. Diese drei Länder mussten die EU um finanzielle Hilfe für ihre konkursbedrohten Banken bitten, nachdem ihre nationalen Bankenaufsichten versagt hatten.

[27] Vertrag über die Arbeitweise der Europäischen Union.

fundamental. Es gibt keine den Bürgern zu vermittelnde Erklärung, weshalb ihr Staat und damit unter Umständen sie selbst als Steuerzahler für unverantwortliche, primär profitorientierte Geschäfte von – sowohl gebietfremden und grenzüberschreitenden als auch inländischen – Banken das wirtschaftliche Risiko tragen sollen. Das gilt erst recht für Altlasten, die durch Aktivitäten in der Vergangenheit entstanden sind, als allein nationale Gremien für die Aufsicht zuständig waren. Risiko und Verantwortung und damit Haftung gehören in freiheitlichen Gesellschaftordnungen untrennbar zusammen. Es darf nicht sein, dass Banken sich aufgrund ihrer vermeintlichen Systemrelevanz auf die Hilfe des Staates, also letztendlich des Steuerzahlers verlassen können. Das führte in der Tendenz dazu, überhöhte Risiken (Moral Hazard) einzugehen, wodurch die Krisenanfälligkeit des gesamten Systems stiege.

Eine Bankenunion, die das Finanzsystem in Europa sicherer machen, einen deutlichen Fortschritt zur Durchsetzung des Haftungprinzips bewirken und damit den Steuerzahler vor ungerechtfertigten, durch die Banken verursachten Risiken und finanziellen Lasten schützen soll, erfordert

→ eine strenge gemeinschaftliche Beaufsichtigung des Finanzsektors,

→ umfassende Vorkehrungen sowohl zur Abwicklung maroder als auch Sanierung noch überlebenfähiger Banken,

→ ausreichende bankenindividuelle Eigenkapitalunter-legungen und

→ klare Haftungregeln.

Es stellt sich die Frage, ob die von den drei Verhandlungparteien – Europaparlament, Finanzministerrat

53

und Brüsseler Kommission, kurz: Trilog – beschlossene Bankenunion diesen Anforderungen gerecht wird.

Die Bankenunion der Eurozone steht im Wesentlichen auf drei Säulen:

1) Einem *einheitlichen Bankenaufsichtmechanismus* (Single Supervisory Mechanism, **SSM**). Die Globalisierung der Finanzmärkte erfordert eine überregional ausgerichtete Bankenaufsicht. In diesem Sinne wird die Europäische Zentralbank (EZB) am 4. November 2014 die zusätzliche Aufgabe übernehmen, die Bilanzen der größten Geldhäuser der Euro-Staaten in regelmäßigem Turnus zu analysieren (**A**sset **Q**uality **R**eview, **AQR**). Dabei geht es darum, in den Bankbilanzen schlummernde Risiken, vor allem versteckte Verluste aufzudecken und bei festgestellten Kapitallücken die Institute dazu zu veranlassen, deren Unterkapitalisierung durch Beschaffung neuen Eigenkapitals zu schließen. Dieser Bilanz-Check wird ergänzt durch einen Stresstest, wobei die Ergebnisse beider Regelwerke zusammengeführt werden (Join-up). Die Überprüfung umfasst auch die Bewertung von Kreditsicherheiten und die Pragmatik der Risikovorsorge. Sie wird auf den Grundlagen einer EU-verbindlichen Definition für ausfallgefährdete Kredite (Non Performing Loans) sowie festgelegter Kriterien für die Risikogewichtung wesentlicher Rechnungposten durchgeführt. Dabei ist es außerordentlich wichtig – das hat die Finanzkrise gelehrt –, dass die Zugriffgeschwindigkeit auf aktuelle Daten und Berichte hoch ist. Mit Investitionen in die Informationtechnologie können deutliche Zeitersparnisse erzielt werden. Der Bankenaufsichtmechanismus soll verloren gegangenes Vertrauen in das europäische Bankensystem wieder zurückgewinnen.

2) Das Herzstück der Bankenunion ist der *einheitliche europäische Bankenabwicklungmechanismus* (Single Resolution Mechanism, **SRM**) für die 18 Euro-Staaten. Danach gelten zukünftig für die geordnete Auflösung von Banken mit nicht mehr fortbestandfähigen Geschäftkonzeptionen und die Sanierung von in Schieflage geratenen Banken einheitliche Regeln. Er besteht aus zwei Elementen: Der Abwicklungagentur, die auf Initiative der EZB über das weitere Prozedere entscheidet[28] und dann das folgende Vorgehen überwacht. Dabei ist wichtig, dass Abwicklungagentur und EZB eng zusammenarbeiten, weil Aufsicht und Abwicklung im Grunde in einer Hand liegen sollten. In der politischen Diskussion gehen darüber die Meinungen allerdings auseinandergehen. Das zweite Element des SRM ist der Abwicklungfonds. Der Fonds soll gewährleisten, dass zukünftig die Banken untereinander für finanzielle Lasten einstehen und nicht die Steuerzahler letztendlich haften. Am Ende seiner Aufbauphase ist eine Gesamtsumme in Höhe von 55 Milliarden Euro vorgesehen.

3) Die dritte Säule betrifft die interne Haftung in Form einer Haftungkaskade. Die Mittel des Abwicklungfonds (Restrukturierungfonds) stehen erst dann zur Rekapitalisierung zur Verfügung, wenn zuvor Aktionäre und Gläubiger ihren dem Grundprinzip der Marktwirtschaft entsprechenden Haftungbeitrag geleistet haben (Bail-in).

---

[28] Die Brüsseler Kommission kann das Ergebnis der Abwicklungagentur prüfen und bei Bedenken Einspruch einlegen, worüber dann der Ministerrat zu entscheiden hat.

Grundsätzlich müssen die Banken zunächst vorsorglich ihre Verbindlichkeiten mit ausreichendem Eigenkapital unterlegen. Ausreichend heißt, das Eigenkapital sollte so hoch sein, dass die einzelne Bank in einer Krise ohne Inanspruchnahme externer Mittel mindestens 30 Tage ihren Zahlungverpflichtungen nachkommen kann. Dazu müsste die Eigenkapitalbasis nach den Risiken jeder einzelnen Forderung und in Relation zu den gesamten bilanziellen und außerbilanziellen Forderungen (Leverage Ratio) bemessen werden. In Bezug zur jeweiligen Bilanzsumme sind die vorgesehenen drei Prozent eindeutig zu wenig; acht Prozent müssten es mindestens sein. – Damit haften die Aktionäre zunächst mit den nicht ausgeschütteten, wirtschaftlich im Grunde ihnen zustehenden, jedoch vorenthaltenen Gewinnen. Darüber hinaus müssen die Aktionäre mit ihren Anteilrechten die Lasten einer Sanierung oder geordneten Abwicklung ihrer maroden Bank tragen. Beide Komponenten stellen das 'harte Kernkapital' dar.

Das Haftunggefälle wird fortgesetzt mit den Kreditoren der Bank, und zwar zunächst mit den nachrangigen (junior creditor) und dann mit den vorrangigen Gläubigern (senior creditor). Und schließlich werden die Sparer als Inhaber von Forderungen gegen ihre Bank zur Lastenverteilung herangezogen. Im Hinblick auf deren Einlagen haben sich die EU-Mitgliedstaaten aus verteilungpolitischen Gründen nach dem Vorbild des deutschen Einlagensicherung- und Anlagenentschädigunggesetzes auf ein analoges Regelwerk geeinigt. In diesem Sinne bleiben Spareinlagen bis zu 100.000 Euro pro Kunde von der Haftung verschont.[29]

---

[29] Konkret bedeutet das: Die EU-Länder haben sich zur Absicherung von Sparguthaben zum Aufbau eines nationalen Fonds verpflichtet, der pro Bankkunde Guthaben bis zu 100.000 Euro garantiert.

☛ Ob die beschlossene Bankenunion die in sie gesetzten Erwartungen erfüllen und das Vertrauen in den Finanzsektor wiederherstellen kann, wird die Zukunft zeigen. Beim Aufsichtmechanismus geht es darum, die Schwachstellen im Finanzsektor offenzulegen. Dazu müssen die Banken verpflichtet werden, zukünftig ihre Finanzaktivitäten außerhalb der Bilanzen klar auszuweisen. Ferner müssen Risiken, die aus Finanzierungen über Wertpapierfirmen, Versicherunggesellschaften und Treuhandunternehmungen resultieren, umfassend aufgelistet werden.

Zuständig für die Bankenaufsicht sind zukünftig unterschiedliche Gremien. Während die rund 120 größten Kreditinstitute der Euro-Staaten, die sogenannten systemrelevanten Banken, dem einheitlichen europäischen Bankenaufsichtmechanismus (SSM) der EZB unterstehen, verbleibt der Rest von circa 5.800 als weniger bedeutend eingestuften Banken – vorerst jedenfalls – unter der Aufsicht der nationalen Behörden. Diese Differenzierung wirft die Frage auf, weshalb die europäischen Großbanken nur 85 Prozent der Kosten der neuen EZB-Bankenaufsicht zu tragen brauchen und die restlichen 15 Prozent von den übrigen Geldhäusern finanziert werden müssen.

Eine solche Aufteilung dieser außerordentlich wichtigen Aufgabe lässt außer Acht, dass innerhalb des gesamten Bankensektors enge wechselseitige Beziehungen bestehen. Auch die weniger großen Banken führen zum Teil riskante Transaktionen auf eigenen Rechnungen (sogenannter Eigenhandel) durch. Außerdem parken sie ihre liquiden Mittel oft in vermeintlich sicheren Staatsanleihen. Diese werden generell als problemlos oder zumindest weniger risikobelastet eingestuft. Die Erfahrungen aus den Krisenjahren haben aber gezeigt, dass solche Zensuren willkürlich sind. Sie vernachlässigen die oft zu beobachtende wechselseitige Verzahnung zwischen Staatsschulden- und Bankenkrisen. Wenn zum Beispiel Staaten insolvenzgefährdet sind, kann sich das daraus resultierende Ausfallrisiko je nach Umfang der im Einzelfall im Depot befindlichen Bonds auf die betreffende Bank übertragen.

Nicht nur die global agierenden Großbanken repräsentieren den Bankensektor. Durch die enge Vernetzung der Akteure im Finanzsektor kann eine Trennlinie zwischen den systemrelevanten und den weniger bedeutenden Banken nicht exakt gezogen werden. Es fehlen dafür praktikable Kriterien. Eine Bilanzsumme von über 30 Milliarden Euro oder 20 Prozent der Wirtschaftleistung des betreffenden Landes ist dafür allein noch kein hinreichendes Indiz. Insofern sollten uneingeschränkt **alle** Geldinstitute einer zentralen europäischen Kontrolle unterstellt werden. Nur so kann EU-weit eine zielgerichtete europäische Aufsicht erreicht werden. Dabei kommt es darauf an, dass Risikobewertungen, Prüfungen der Qualitäten vergebener Kredite und anderer Aktiva sowie Stresstests nach einheitlichen Gesichtpunkten (zum Beispiel unter Zugrundelegung bestimmter Krisenszenarien) vorgenommen werden.

Je mehr Banken reguliert werden, umso stärker ist der Anreiz für die Finanzmarktakteure, in Bereiche auszuweichen, die nicht dem strengen Bankenaufsichtmechanismus unterliegen, wie beispielweise Hedgefonds, Private-Equity-Fonds, Conduits, Structured Investment Vehicles. Folglich müssen Lösungen gefunden werden, diese sogenannten Schattenbanken einem analogen Regime zu unterwerfen.

Auf alle Fälle ist die Bankenaufsicht, so wie sie im Rahmen der Bankenunion vorgesehen ist, eine Mammutaufgabe. Sie ist nur mit einem entsprechend großen Mitarbeiterstab zu bewältigen. Dieser muss die erforderlichen Kenntnisse und Fähigkeiten besitzen, hochkomplexe Derivate, die ihnen zugrunde liegenden Sicherheiten und die verbleibenden Risiken zu bewerten. Fraglich ist, ob die EZB organisatorisch und personell darauf vorbereitet und somit der richtige Mandatträger ist.

☞ Berücksichtigt man, dass seit Ausbruch der Finanzkrise die Staatengemeinschaft mit mehr als 1,5 Billionen Euro intervenieren musste[30], um systemrelevante Banken[31] vor dem Zusammenbruch zu bewahren, ist für den Abwicklungfonds eine Zielsumme in Höhe von 55 Milliarden Euro völlig unzureichend. Auch die deutsche Monopol-kommission hält angesichts der Größe mancher Banken dies für zu niedrig. Allein die deutsche Commerzbank benötigte in ihren Krisenjahren Staatshilfen in Höhe von mehr als 18 Milliarden Euro. Sollte es erneut zu einer Systemkrise kommen, wären die Finanzmittel des Fonds schnell erschöpft. Daran kann die Bestimmung nichts ändern, dass im Einzelfall der Fonds nach Bail-in finanzielle Mittel nur in Höhe von höchstens fünf Prozent der jeweiligen Bilanzsumme zur Verfügung stellen darf. Mit einem Abwicklungfonds in dieser sehr bescheidenen Höhe kann das Finanzsystem in der Euro-Zone kaum sicherer gemacht werden, und die Steuerzahler als letzte Instanz können nicht vor ungerechtfertigten Belastungen geschützt werden.[32]

---

[30] Das sind finanzielle Mittel, die in den öffentlichen Haushalten für Sanierungen der Infrastrukturen, Ausbau der Bildungsysteme sowie Forschungen und Entwicklungen fehlen.
[31] von denen einige höhere Bilanzsummen haben als das Bruttoinlandprodukt in einigen mittleren EU-Staaten. – Allein die Bilanzsumme der *Deutschen Bank* bewegt sich in einer Größenordnung von circa 60 Prozent der gesamten deutschen Wirtschaftleistung.
[32] Auch wenn in solchen prekären Situationen beim Euro-Rettungsschirm ESM für eine direkte Rekapitalisierung der Bank – nach finanzieller

Um die Beiträge zur Bildung des Abwicklungfonds für die Banken in moderaten Größenordnungen zu halten, waren für seinen Aufbau ab 2015 zunächst zehn Jahre diskutiert worden; schließlich hat man sich auf acht Jahre geeinigt. Das ist dennoch eine lange Zeitspanne, zumal in deren Verlauf die Mittel nur stufenweise vergemeinschaftet werden. Es ist keineswegs sicher, dass in dieser Ansparphase nicht erneut Bankenkrisen entstehen und die bis dato angesammelten Mittel dann ausreichen werden.

Damit in der Ansparphase nicht doch wieder die Steuerzahler die Lasten zu tragen haben, ist vorgesehen, dass in dieser Zeit im Notfall auf Antrag des zuständigen Euro-Staates zur direkten Rekapitalisierung von Banken Mittel des Europäischen Stabilitätfonds (European Stability Mechanism, ESM) in Anspruch genommen werden können. Der ESM bleibt also wie bisher das Sicherheitnetz ('Backstop') für nicht leistungfähige Mitgliedstaaten. Auf ihn kann allerdings nur dann zurückgegriffen werden, wenn zuvor konkrete Auflagen erfüllt worden sind.[33]

Beteiligung des Heimatlandes – ein Antrag auf ergänzende Hilfe in beschränktem Umfang gestellt werden kann.

[33] Als Erstes müssen gemäß dem internen Haftungprinzip die Aktionäre und Gläubiger der in Not geratenen Banken für deren Verluste aufkommen (Bail-in). Außerdem müssen zur Inanspruchnahme des ESM zuvor die nationalen Einlagensicherungfonds (Restrukturierungfonds) ausgeschöpft worden sein. Einen direkten Zugang zum ESM gibt es für die Banken nicht. Die Inanspruchnahme ist nur über die betreffenden Heimatstaaten auf deren Antragstellung möglich und nur dann, wenn diese nicht in der Lage sind, die verbleibenden finanziellen Lücken aus ihren Budgets – im Sinne eines 'National Backstops' – zu schließen. Allerdings stiege damit die Verschuldung der antragstellenden Länder, was angesichts des Vertrauenverlustes im Verlauf der Euro-Krise ja gerade verhindert werden sollte.

☛ Über die Ausführungbestimmungen zur Bemessung der bankenindividuellen Abgaben die Bildung des europäischen Restrukturierungfonds betreffend wird noch verhandelt. Grundsätzlich sollten sich die Abgaben aus zwei Komponenten zusammensetzen: Zum einen aus einem risikounabhängigen, auf die Bilanzsumme, also die Institutgröße bezogenen Sockelbetrag (fixer Prozentsatz der Passiva); zum anderen aus einem vom Risikoprofil der jeweiligen Bank abhängigen Teil, wodurch die Beiträge der stärker wagnisbereiten großen Häuser tendenziell höher ausfielen. Durch eine solche Kombination wären die Abgaben im Zeitverlauf weniger schwankunganfällig. Das liegt im Interesse eines möglichst kontinuierlichen Fondsaufbaus.

Die Frage, ob bei der Bemessung der Beiträge, insbesondere unter Berücksichtigung der Vorschriften für die Risikovorsorge gemäß Basel III, Ausnahmen, Freibeträge oder Freigrenzen – beispielweise im Hinblick auf die Größe der einzelnen Kreditinstitute oder ihre schwergewichtigen Geschäftfelder – konzediert werden sollten, muss noch länderübergreifend erörtert werden. Dabei ist zu berücksichtigen, dass vor allem die mittelständische Wirtschaft zur Finanzierung ihrer Investitionen auf Kredite von leistungfähigen kleineren und mittelgroßen, oft nur regional vertretenen Instituten angewiesen ist.

Die Bankenabgabe muss steuerrechtlich länderübergreifend einheitlich geregelt werden. Das ist wichtig, damit es im europäischen Bankensektor nicht zu Wettbewerbverzerrungen kommt. Sie sollte nicht von der Steuerbemessunggrundlage absetzbar sein, weil das sonst zu Mindereinnahmen für die Staaten führte. Früher oder später würden dann die Steuerzahler doch zusätzlich belastet, wenn es wieder einmal darum geht, die Staatseinnahmen der

Entwicklung der Staatsausgaben anzupassen. Die Steuerzahler würden damit praktisch indirekt den Fonds mitfinanzierten.

☛ Die interne Haftung ist auf acht Prozent der Bilanzsumme der jeweiligen insolventen Bank beschränkt. Nach marktwirtschaftlichen Haftungprinzipien ist eine solche Begrenzung völlig unverständlich. Außerhalb der Bankenwelt haften bei Zahlungunfähigkeit einer Unternehmung Anteileigner und Gläubiger uneingeschränkt. Es stellt sich die Frage, weshalb im Bankensektor die interne Haftung begrenzt sein soll und weshalb es acht Prozent sein sollen. Damit wird der größte Teil der 'Bail-in'-Ressourcen nicht zur Schuldendeckung herangezogen.

☛ Mit Nachdruck muss von vornherein und unmissverständlich klargestellt werden, dass ohne Eigentümer- und Gläubigerhaftung vorsorgliche staatliche Rekapitalisierungen, also vorbeugende Staatshilfen, ausgeschlossen sind. Das muss auch für besondere Notfälle gelten, wenn systemische Finanzmarktkrisen einzutreten drohen. Anderenfalls würde das interne Haftungprinzip ausgehebelt, und es würden Umgehungmöglichkeiten geschaffen.

Die Bankenunion ist ein Schritt in die richtige Richtung. Die drei Säulen weisen allerdings Schwachstellen auf. Das gilt ganz besonders für die Höhe des angestrebten Abwicklungfonds. In Anbetracht der Erfahrungen aus den zurückliegenden Krisenjahren ist sie geradezu lächerliche. Die unterschiedlichen Zuständigkeiten von EZB und nationalen Gremien bei der Bankenaufsicht lassen daran zweifeln, ob diese fundamentale Aufgabe nach einheitlichen Kriterien durchgeführt wird. Außerdem ist es unbegreiflich, weshalb die interne Haftung auf acht Prozent der

Bilanzsumme der insolventen Bank begrenzt ist.[34] Eine solche Beschränkung verstößt gegen ein zentrales Prinzip der Marktwirtschaft. Diese Einschränkung erleichtert den Zugriff auf den Fonds und reduziert die disziplinierende Wirkung der internen Haftung. Insgesamt ist es fraglich, ob mit der Bankenunion in der vorgesehenen Ausgestaltung die gesetzten Ziele erreicht werden können.

---

[34] Das gilt in gleicher Weise für die mögliche Inanspruchnahme von Mitteln aus dem Europäischen Stabilitätfonds (ESM) während der achtjährigen Aufbauphase des Abwicklungfonds.

Einführende Überlegungen Frühjahr 2014

DIE VOLKSWIRTSCHAFTLEHRE ALS GRUNDLAGE DER WIRTSCHAFTPOLITIK IN DER KRITIK

Spätestens seit Ausbruch der Banken- und Finanzkrisen vor über sechs Jahren und dem daraus entstandenen Staatsschuldendesaster in wichtigen Industrieländern wird die Bedeutung der Aussagen der Volkswirtschaftlehre und der daraus abgeleiteten wirtschaftpolitischen Schlussfolgerungen zur Lösung vorherrschender Probleme zunehmend infrage gestellt. Die Ökonomen streiten immer heftiger über pragmatische Wege aus der Schuldenkrise. Sind vorrangig die öffentlichen Haushaltdefizite zu reduzieren und schließlich die Schuldenbestände auf ein erträgliches Maß zurückzuführen? Oder sollen die Staatsausgaben erhöht und folglich zunächst weiter steigende Staatsschulden zugelassen werden, damit gesamtwirtschaftliche Nachfrage, Produktion und Wirtschaftwachstum angeregt werden? Im letzteren Fall könnten über zusätzliche Steuereinnahmen die öffentlichen Schulden leichter abgebaut werden. Lässt man in dem diesen Überlegungen zugrunde liegenden Wirkungzusammenhang ▷ steigende Staatsverschuldung → steigende Wirtschaftaktivitäten → steigende Steuereinahmen ◁ *'den Mittelteil dieser Kausalkette fort, wird der Widerspruch dieses Vorschlags deutlich: Wir müssen uns stärker verschulden, um unsere Schulden zurückzahlen zu können.'*[35]

---

[35] So in etwa die Aussage der geschäftführenden Direktorin des Internationalen Währungfonds (IWF), Christine Lagarde, auf der internationalen Konferenz in Aix-en-Provence im Juli 2013.

Mittlerweile ist die Reputation der Volkswirtschaftlehre so stark lädiert, dass so mancher Volkswirt sich die Frage stellt, ob das von ihm vertretene Fach überhaupt eine Wissenschaft ist.[36] Dass die schwedische Zentralbank 1968 den Alfred-Nobel-Gedächtnispreis[37] auch *für besondere Leistungen* auf dem Gebiet der Ökonomie gestiftet hat und seit 1969 alljährlich verleiht, ändert nichts an diesen Bedenken.

Nahezu zwei Jahrhunderte beherrschte das Konstrukt des *Homo oeconomicus* die Volkswirtschaftlehre. Danach sind alle wirtschaftenden Menschen gleich. Sie seien prinzipiell streng rational handelnde Wesen; sie würden von klaren Präferenzen geleitet und von egoistischen Interessen getrieben; sie träfen stets ihre Entscheidungen unter vollständiger Markttransparenz. Aus dieser Annahme entstand die Metapher der *unsichtbaren Hand,* die über freie Märkte alle

---

[36] So unter anderem: Robert J. Shiller von der Yale-Universität, Nobelpreisträger 2013: Is Economics a Science? (6. November 2013) in: Jewish Business News, 01.01 2014, Absatz 13.

[37] Dieser *'Preis der Schwedischen Reichsbank zum Andenken an Alfred Nobel',* wie er offiziell heißt, ist 2013 an Eugene F. Fama und Lars Peter Hansen, beide von der Universität Chicago, sowie an Robert J. Shiller von der Yale-Universität verliehen worden. Die drei Ökonomen sind für ihre Arbeiten zu der Frage ausgezeichnet worden, ob und wie sich die Entwicklungen von Aktienkursen vorhersagen lassen. Dabei kommen zumindest Fama und Shiller zu völlig konträren Aussagen. Fama betont die Effizienz der Finanzmärkte, weil nach seinen Untersuchungen in den Kursen an den Aktienmärkten alle relevanten Informationen ihren Niederschlag finden. Genau diese Hypothese bestreitet Shiller; als bedeutender Vertreter der 'Behavioral Finance' vertritt er den Standpunkt, dass Preisschwankungen an den Finanzmärkten hauptsächlich durch psychologische Faktoren zu erklären sind und folglich Aktienkurse zu Über- oder Unterbewertungen und sogar zu Preisblasen neigen. Da stellt sich dem neutralen Betrachter die Frage, was von der Ökonomie zu halten ist, wenn im selben Jahr Arbeiten mit solch konträren Ergebnissen von einer hoch geachteten Institution mit Geldpreisen in Höhe von mehreren Millionen schwedischen Kronen geehrt werden.

zwischenzeitlich möglicherweise auftretenden Diskrepanzen beseitigt und das Wirtschaftgeschehen grundsätzlich zu optimalen Ergebnissen führt.[38]

Die Vertreter der Neoklassik in der zweiten Hälfte des 19. Jahrhunderts (vor allem: William Stanley Jevon, Carl Menger, Marie Esprit Léon Walras) blendeten in ihren Überlegungen analog dazu psychologische Verhaltenkomponenten aus. Auf der Annahme der stets rational, egoistisch und voll informiert handelnden Agenten basiert auch das Konzept von Friedrich August von Hayek. Sie liegt mit Modifikationen im Wesentlichen auch den Aussagen der neoliberalen Schule von Milton Friedman sowie in Deutschland von Alfred Müller-Armack, Wilhelm Röpke und Ludwig Erhard zugrunde. Diese Prämisse ist eine grundlegende Voraussetzung für die mathematische Aufbereitung der Volkswirtschaftlehre gewesen. Dadurch entstand die Illusion, man könne sich von den Sozialwissenschaften absetzen und unter Einsatz der Marginalanalyse den Naturwissenschaften gleich exakte Aussagen treffen.

---

[38] Diese verbildlichende Wortschöpfung stammt nicht von Adam Smith, wie das heute oft fälschlicherweise angenommen wird, sondern er griff diese zu seiner Zeit durchaus übliche Redewendung nur auf, um bestimmte Zusammenhänge zu verdeutlichen. Smith hat sich – was im Laufe der Jahrhunderte in Vergessenheit geraten war und heute noch oft übersehen wird – mit psychologischen und moralphilosophischen Prinzipien des individuellen Verhaltens befasst. Für ihn ist die Ökonomik eine Unterdisziplin der Moralphilosophie. (Smith, A., The Theory of Moral Sentiments, Edinburgh 1759)

Der bedeutendste Nationalökonom, welcher dieses Wunsch-denken der Wirtschafttheoretiker eindrucksvoll infrage stellte, war John Maynard Keynes: "*Most, probably, of our decisions to do something positive, the full consequences of which will be drawn out over many days to come, can only be taken as the result of animal spirits – a spontaneous urge to action rather than inaction, and not as the outcome of a weighted average of quantitative benefits multiplied by quantitative probabilities.*"[39]

Die jüngsten Krisen haben John Maynard Keynes im Grunde recht gegeben. In öffentlichen Äußerungen weist er immer wieder darauf hin, dass eine sich selbst überlassene Marktwirtschaft in ihrem Wesen instabil ist. Seine Analogie zu tierischen Verhaltenweisen wird durch das immer wieder zu beobachtende Herdenverhalten und Gruppendenken der Finanzmarktteilnehmer bestätigt, die nicht selten zu übertriebenem Optimismus oder Pessimismus neigen. Auch in anderen Wirtschaftbereichen kann dieses Phänomen – wenngleich nicht ganz so krass wie an den hoch volatilen Finanzmärkten – beobachtet werden.

Joseph Stiglitz führt die Instabilität marktwirtschaftlicher Systeme insbesondere auf unvollkommene Informationen zurück. Dabei denkt er vor allem an asymmetrische Informationen, wobei Personen etwas wissen, was andere nicht wissen. Für ihn ist die *unsichtbare Hand* deshalb unsichtbar, weil es sie gar nicht gibt. Deshalb könnten die Märkte ohne sachgerechte staatliche Regulierungen und

---

[39] Keynes, J. M., The General Theory of Employment, Interest and Money, London 1936, pp. 161-162; Akerlof, G. A./Shiller, R. J., Animal Spirits, How Human Psychology Drives the Economy, and Why it Matters for Global Capitalism, Princeton/Oxford 2009.

Interventionen die Wirtschaft nicht zu ökonomisch effizienten Ergebnissen führen.[40]

Seit Mitte der 70er Jahre des vorigen Jahrhunderts entstanden zunehmend Widerstände gegen die Modellannahmen eines rationalen Nutzenmaximierers. Solche Modellannahmen lassen wesentliche Determinanten menschlicher Motivation unberücksichtigt. Die Volkswirtschaftlehre hat deshalb zunehmend Erkenntnisse der Psychologie, der Biologie und der Neurologie in ihre Betrachtungen einbezogen. Daraus ist die Disziplin der Verhaltenökonomie ('Behavioral Economics') entstanden.[41] Die wichtigste Erkenntnis ist: Den Homo oeconomicus gibt es überhaupt nicht. Er ist, soweit heute noch mit diesem Konstrukt gearbeitet wird, ein Hirngespinst modellbesessener Ökonomen. Der Mensch ist ein äußerst kompliziertes Wesen. Entgegen der neoliberalen Auffassung ist sein Handeln oft instinktiv, widersprüchlich, irrational, häufig durch das gesellschaftliche Umfeld – zum Beispiel durch Werbung oder vorherrschende Meinungen – beeinflusst und nicht selten emotional geleitet. Er handelt nicht generell egoistisch, sondern seiner frühkindlichen Erziehung, seinen Charaktereigenschaften, seinem Intelligenzgrad entsprechend nicht selten moralisch geprägt, dem Gemeinwohl ethisch verbunden und religiös orientiert – oder durch Sekten beziehungweise Fundamentalisten irregeführt.

Sowohl die Konsumenten als auch die Unternehmer sind keine seelenlosen, kalten Rechner, die jedes mögliche in der Zukunft liegende Ereignis mit dem Gewicht seiner Eintritt-wahrscheinlichkeit in ihr Kalkül einbeziehen und entsprechend

---

[40] Stiglitz, J. E., Making Globalization Work, New York 2006, Preface, p. 7.

[41] Eine grundlegende Studie über Anomalien im Verhalten von Menschen findet sich bei: Kahneman, D./Tversky, A., Prospect Theory: An Analysis of Decision under Risk, Econometrica, Vol. 47 (March 1979), pp. 263-292.

zielorientiert entscheiden können. Selbst wenn sie von ihrer Veranlagung her im Grunde streng rational handelnde Wirtschaftsubjekte sind, können sie in der realen Welt nicht wie Homines oeconomici handeln und die verfolgten Ziele mit Sicherheit erreichen. Sie sind nicht imstande, alle möglichen Vorkommnisse in der Zukunft vorauszusehen. Sie treffen ihre Entscheidungen stets unter einem mehr oder weniger hohen Grad von Unsicherheit. Das gilt umso mehr, je weiter der Zeithorizont ist. In der zeitlichen Abfolge von Entscheidungen, tatsächlichen Handlungen und Ergebnissen wirtschaftlicher Aktivitäten können aus dem vielschichtigen Umweltgeschehen unvorhergesehene Ereignisse eintreten und das letztendlich Erreichbare verändern.

Die von Menschen ausgelösten Entwicklungen sind also von vornherein unsicher. Das gilt sowohl für das einzelne Mitglied eines Volkes als auch für die Volksgemeinschaft insgesamt. Insoweit können die Aussagen der Volkswirtschaftlehre und die voraussichtlichen Ergebnisse der darauf beruhenden wirtschaftpolitischen Maßnahmen nur bedingt sein. Es ist eine Illusion zu glauben, dass unter bestimmten Modellannahmen[42] makroökonomische Entwicklungen exakt dargestellt, geschweige mit Sicherheit prognostiziert werden können. Die Volkswirtschaftlehre muss den durch das gewohnte 'ceteris-paribus'-Denken entstandenen Tunnelblick überwinden.

Die Wirtschaft unterliegt keinen naturwissenschaftlichen Gesetzen mit eindeutigen Ursache-Wirkung-Kausalitäten. Die Wirtschaftabläufe werden im Wesentlichen durch Handlungen von Menschen aus Fleisch und Blut bestimmt, also von Wirtschaftsubjekten, die spontan ihre Meinung ändern und

---

[42] Der Volkswirt setzt, wenn er in seinen theoretischen Überlegungen bestimmte Annahmen trifft, dafür – gewissermaßen als vorweggenommene Absolution – die nebulöse Floskel 'ceteris paribus' ein.

sich völlig anders als erwartet verhalten können. Es ist ein Irrglaube, die wirtschaftlichen Prozesse unter Einsatz mathematisch strukturierter und statistisch unterbauter Modelle beschreiben und voraussagen zu können. Volkswirtschaftliche Modelle *"discribe people rather than magnetic resonances or fundamental particles"*.[43]

Untypische Entwicklungen sind während der Niedrigzinsphase an den Finanzmärkten zu beobachten gewesen. Positive Konjunkturdaten führen gewöhnlich zu Marktbelebungen und Kurssteigerungen. Die Erfahrungen haben aber gezeigt, dass unter dem Einfluss einer ultralockeren Zinspolitik entgegengesetzte Reaktionen eintreten können. Das ist dann der Fall, wenn die Marktteilnehmer befürchten, dass die Notenbanken alsbald von ihrer Krisen- zu einer normalen Geldpolitik zurückkehren werden. Andererseits können eine üppige Liquiditätversorgung und niedrige Zinsen zur Folge haben, dass die Anleger zur Erzielung höherer Renditen hohe Risiken eingehen. Damit steigt die Gefahr, dass es zu Exzessen kommt. Auch das Investitionverhalten der Unternehmungen ist unsicher, weil ihre Entscheidungträger nicht wissen, ob und wann ein Richtungwechsel in der Zentralbankpolitik und gesamtwirtschaftlichen Entwicklung zu erwarten ist.

Es genügt nicht, nur die Entstehung, Zuordnung und Verwendung knapper Ressourcen zu untersuchen. Dadurch wird lediglich die reine Tauschwirtschaft erfasst. Auch die Geldversorgung und die Finanzmärkte, Erkenntnisse der Soziologie, Psychologie, Neurologie und Biologie sowie philosophische, ethische und ethnische Aspekte müssen – soweit das irgendwie möglich ist – in die Forschungagenda

---

[43] Shiller, R. J., Is Economics a Science? (06.11.2013) in: Jewish Business News, 01.01 2014, Absatz 13.

einbezogen werden. Nur wenn es gelingt, die Volkswirtschaftlehre enger als bisher in den Erkenntnisaustausch mit anderen Disziplinen einzubinden, können ihre Aussagen realitätnäher und glaubwürdiger werden und damit der Wirtschaftpolitik relevante Entscheidunggrundlagen bieten.

Einführende Überlegungen Herbst 2013

STAATSVERSCHULDUNG
UND INTERGENERATIVE LASTENVERSCHIEBUNG

Ergänzende Überlegungen:

Sind 'Outright Monetary Transactions' (OMT) EU-vertragkonform?

Im Zusammenhang mit den exorbitant ansteigenden öffentlichen Schulden sowohl innerhalb der Europäischen Union als auch in führenden Industriestaaten der übrigen Welt wird immer wieder der Vorwurf erhoben, dass damit die zukünftigen Generationen dieser Länder zunehmend belastet würden. Pauschale Aussagen dieser Art sind falsch. Eine sachliche Untersuchung dieser Frage bedarf differenzierter Überlegungen. Dabei muss streng unterschieden werden, ob sich die öffentlichen Sektoren dieser Staaten per saldo gegenüber gebietansässige (interne Staatsverschuldung) oder gebietfremde (externe Staatsverschuldung) Personen (natürliche oder juristische) verschulden.[44]

---

[44] Die Begriffe *interne* ↔ *externe Staatsverschuldung* sind zu unterscheiden von dem Begriffpaar *implizite* ↔ *explizite Staatsverschuldung*. Die folgenden Überlegungen beziehen sich auf tatsächliche, in den Staatsbudgets e x p l i z i t e ausgewiesene Defizite. Bei der impliziten Staatsverschuldung handelt es sich dagegen um zunächst noch nicht realisierte, sondern nur prognostizierte Defizite auf der Grundlage der gegenwärtigen Gesetzgebung (in Bezug auf Beamtenpensionen, Zuschüsse zu gesetzlichen Renten-, Kranken- und Pflegeversicherungen, sonstige staatliche Leistungsprechen), des voraussichtlichen demografischen Wandels (Bevölkerungzahl, Altersstruktur) und der geschätzten Entwicklungen der öffentlichen Einnahmen. Sowohl die zu erwartenden steigenden Sozialleistungen und die dazu notwendigen zusätzlichen Staatsausgaben als auch Fragen der Finanzierung (Erhöhung von Sozialabgaben und/oder Steuern, explizite

Handelt es sich bei den Zeichnern der öffentlichen Schuldtitel um Gebietansässige, dann entsteht zusätzliches inländisches Geldvermögen. Als Inhaber von Staatspapieren wird die Bevölkerung Gläubiger ihres Staates, also von sich selbst. Summa summarum ändert sich durch solche finanziellen Transaktionen der volkswirtschaftliche Vermögenbestand nicht. Der Staatsschuld steht in derselben Höhe fiktives Geldvermögen in den Händen der gebietansässigen Anleger gegenüber. "Weder wird das Volk im Ganzen durch Geldkapitalbildung in der Form des Erwerbs von Staatstiteln reicher, noch durch Zunahme der Staatsschuld, die ja nur die andere Seite desselben Vorganges ist, ärmer."[45]

Wie ist die Situation in den späteren Jahren zu beurteilen, wenn der verschuldete Staat die Kredite zurückzahlen muss? Wird jetzt zur Tilgung der Staatsschulden die davon betroffene Generation zusätzlich belastet?

Angenommen, der Staat kann den zukünftigen Schuldendienst nicht aus den laufenden öffentlichen Einnahmen finanzieren. Dann muss er die Steuern erhöhen, um seine Schulden zurückzahlen zu können. In der Tat haben dann die Inländer zusätzliche Steuerlasten zu tragen. Aber wem kommen denn in einer solchen Situation die Tilgungbeträge zugute? — Eben derselben, mit zusätzlichen Steuern belasteten Generation! "Es wird lediglich von einer Tasche in die andere gezahlt"[46]. Insgesamt ändert sich durch eine innere Staatsverschuldung – abgesehen von den in der Zwischenzeit möglicherweise eingetretenen Wachstumeffekten – im Grunde nichts an der Geldsumme, welche der Bevölkerung zur Verfügung steht.

Staatsverschuldung) treffen erst nachfolgende Generationen und führen insofern nicht von vornherein zu intergenerativen Lastenverschiebungen.
[45] Donner, O., Grenzen der Staatsverschuldung, in: Weltwirtschaftliches Archiv, Band 56, 2 (1942), Seiten 183 ff.
[46] ebenda, Seite 185.

Das schließt allerdings nicht aus, dass damit gravierende interpersonale Verteilungänderungen im Privatsektor entstehen. Das ist dann der Fall, wenn die Wirtschaftsubjekte, welche die zusätzliche Steuerlast tatsächlich zu tragen haben (Steuerindossatare), nicht deckunggleich sind mit jenen Personen, deren Staatstitel eingelöst werden.[47] Der Volkswirtschaft als Ganzes wird aber keine Kaufkraft entzogen. Somit kann festgestellt werden: Eine intergenerative Lastenverschiebung tritt durch eine Staatsverschuldung nicht ein, soweit die Staatstitel durch gebietansässige Wirtschaftsubjekte gezeichnet werden. Entsprechendes gilt für die Zinszahlungen des Staates an die Inhaber der Schuldtitel.

Anders verhält es sich möglicherweise, wenn Gebietfremde die öffentlichen Schuldtitel zeichnen. Jetzt entstehen in der Zukunft Tilgung- und Zinszahlungverpflichtungen gegenüber Zahlungempfängern im Ausland. Können bei Fälligkeit diese Zahlungen nicht aus den laufenden öffentlichen Einnahmen finanziert werden, müssen auch in diesem Fall die Steuern erhöht werden. Das kann in der Tendenz den potenziellen Lebenstandard der davon betroffenen Generation senken.

Inwieweit das mittel- und längerfristig tatsächlich der Fall ist, hängt davon ab, wofür der Staat die durch die Verschuldung erworbene Kaufkraft verwendet. Wird diese überwiegend konsumtiv, also für laufende öffentliche Ausgaben[48] und Rüstunggüter eingesetzt, dann belastet das insoweit in der Tat zukünftige Generationen, ohne dass diese davon einen Nutzen haben.

---

[47] Man denke beispielsweise nur an die ausgesprochen regressive Wirkung der Umsatzsteuern, vor allem auf Subsistenzmittel.
[48] wie zum Beispiel Gehälter, Pensionen, nicht durch Beitragzahlungen gedeckte Renten.

Werden dagegen die mit der Staatsverschuldung finanzierten Ausgaben in erster Linie für zukunftgerichtet Projekte verwendet, wie das bei Infrastrukturausgaben im weitesten Sinne[49] der Fall ist, dann steigern diese Ausgaben die Wachstumpotenziale der Volkswirtschaft. Führt das in der Zukunft zu höherem Wirtschaftwachstum, kommt das auch nachfolgenden Generationen zugute. Folglich findet bei solchen Mittelverwendungen eine intergenerative Lastenverschiebung nur dann statt, wenn die später notwendig werdende zusätzliche Steuerbelastung höher empfunden wird als die Wohlstandsteigerungen durch Wirtschaftwachstum. —

---

[49] zum Beispiel Ausgaben für Bildung, Forschung und Entwicklung, Kommunikationeinrichtungen, Ausbau von Verkehrwegen.

Mit der Zuspitzung der Verschuldungkrise innerhalb der Europäischen Union war die Europäische Zentralbank (EZB) ab Mai 2010 zunächst dazu übergegangen, an Sekundärmärkten mit 'Outright Monetary Transactions' (OMT) zuerst griechische Staatsanleihen, danach irländische und portugiesische und ab August 2011 auch öffentliche Schuldverschreibungen aus Italien und Spanien aufzukaufen. Bis Februar 2012 war das Gesamtvolumen dieser Bonds auf eine Gesamthöhe von 219,5 Milliarden Euro angewachsen.[50] Ziel dieser bis dato neuartigen Aktionen war es, die Finanzierungskosten der in Bedrängnis geratenen Länder zu senken.[51] Wird bei der hier zur Diskussion stehenden Frage der Begriff Generation auf die einzelne Nation bezogen, ist die EZB als gebietfremde Institution anzusehen. Es gelten insoweit die zuvor getroffenen Aussagen. —

(Ergänzende Überlegungen: Sind 'Outright Monetary Transactions' (OMT) EU-vertragkonform?)

Im Hinblick auf die OMT-Geschäfte stellt sich anschließend die Frage, ob sich die EZB mit diesen Aktivitäten noch im Rahmen ihres Mandats bewegt. Nach Artikel 123 der EU-Verträge ist es der EZB strikt verboten, Mitgliedstaaten Kreditfazilitäten einzuräumen. Das bedeutet, dass sie den Regierungen der EU-Länder nicht die Möglichkeit bieten darf,

---

[50] Quelle: EZB

[51] Ob die EZB das auch über 2013/2014 hinaus erreichen wird, ist fraglich, nachdem der Präsident des Federal Reserve Bords der US-amerikanischen Notenbank ein baldiges Ende der bisherigen Niedrigzinspolitik angekündigt hat, allerdings unter der Voraussetzung, dass sich Wachstum und Beschäftigung in den USA weiterhin positiv entwickeln. Im Übrigen: "Es ist nicht Aufgabe einer Zentralbank, höhere Risikoprämien zu verhindern." (Jürgen Stark – von Juni 2006 bis September 2011 leitender Volkswirt der EZB –, Aussage in einem Interview in: 'Deutsches Handelsblatt' vom 26.07.2013, Seite 24 f.).

unmittelbar EZB-Kredite in Anspruch zu nehmen. Es bestände sonst die Gefahr, dass sich im Laufe der Zeit ein nicht mehr zu beherrschendes Inflationpotenzial aufbauen könnte. Darüber hinaus würden Finanzierungmöglichkeiten dieser Art den Druck auf die Regierungen senken, Strukturreformen – vor allem auf den Gebieten Industrialisierung, Infrastruktur und Arbeitmärkte – umzusetzen und angehäufte Schulden zu reduzieren.

Zu untersuchen ist, ob der Grundsatz des Artikels 123 der EU-Verträge auch den Ankauf bereits emittierter Staatsanleihen durch die EZB verbietet. Ergänzend ist zu klären, ob dieses Verbot auch dann gilt, wenn es sich bei den Papieren um Schuldscheine von Ländern handelt, welche die Bedingungen des Reformprogramms des Europäischen Rettungmechanis-mus (European Stability Mechanism, ESM)[52] erfüllen.

In Bezug auf die ureigenste Aufgabe einer jeden Zentralbank lautet die entscheidende Frage: Sind die wirtschaftlichen Schwierigkeiten der Krisenländer, denen die EZB mit ihren OMT zu begegnen versucht, Zeichen für Störungen des geldpolitischen Transmissionprozesses oder für wirt-schaftliche, insbesondere strukturelle Fundamentalprobleme dieser Länder? Mit anderen Worten: Versucht die EZB durch den Ankauf bereits ausgegebener Bonds Störungen im Wirkungzusammenhang der geldpolitischen Zielkette[53] zu paralysieren, um die Effizienz ihrer Maßnahmen zu erhöhen oder zumindest zu erhalten, oder betreibt sie mit ihren OMT

---

[52] Nach diesem Reformprogramm (Secondary Market Support Facility, kurz: SMSF) ist es dem ESM gestattet, Staatspapiere auf Sekundärmärkten anzukaufen, und zwar unbegrenzt.
[53] Geldpolitische Maßnahmen → Instrumentvariable (Geldbasis = Zentralbankgeldmenge) → Zielvariable (Zinsniveau) → Endziel (Preisniveaustabilität)

unter Umgehung von Artikel 123 der EU-Verträge indirekt Staatsfinanzierung?

Auf alle Fälle entstehen durch die Ankäufe der EZB – und darüber muss man sich im Klaren sein – unkalkulierbare Gemeinschaftrisiken. Dass die dramatische Ausweitung der Zentralbankgeldmenge durch die OMT-Geschäfte in der ersten Ankaufrunde bisher nicht inflationär gewirkt hat, ist kein Indiz dafür, dass die EZB tatsächlich nur Störungen der geldpolitischen Wirkungzusammenhänge zu beseitigen versucht hat. Die EZB bewegt sich hier mit ihren OMT in einer "Grauzone zwischen Geld- und Fiskalpolitik."[54] Wann hört Geldpolitik auf, wo beginnt Fiskalpolitik? Diese Fragen werden gegenwärtig vehement und zum Teil kontrovers diskutiert. Sie können nicht generell – schon gar nicht von Gerichten[55] – beantwortet werden. Antworten hierauf können im Grunde nur in der speziellen Situation unter Berücksichtigung der konkreten makroökonomischen Rahmenbedingungen gefunden werden.

---

[54] Clemens Fuest (Zentrum für Europäische Wirtschaftforschung, ZEW) vor dem Deutschen Bundesverfassunggericht in Karlsruhe am 11.06.2013.

[55] Es ist im Grunde abwegig, diese Frage dem deutschen Verfassunggericht zur Entscheidung vorzulegen, weil dieses der EZB keine Weisungen erteilen kann. Allenfalls der Europäische Gerichthof in Luxemburg könnte hierüber entscheiden, allerdings nur dann, wenn die Richter oder ihre Berater den notwendigen Sachverstand besitzen.

Einführende Überlegungen Frühjahr 2013

REGULIERUNG DER FINANZMÄRKTE

Wirtschaftkrisen – und das ist vor allem in diesem Jahrhundert immer deutlicher geworden – werden oft durch destruktive Einflüsse der Finanzmärkte in systembedrohender Weise verschärft. Untersuchungen von V. Cerra und S. C. Saxena[56] haben gezeigt, dass Störungen in der Realwirtschaft, die mit Turbulenzen im Finanzsektor einhergehen, besonders in entwickelten Industrieländern in höchstem Maße zersetzend wirken. Das hat in den öffentlichen Diskussionen dazu geführt, dass die Effizienz westlicher Wirtschaftsysteme zunehmend infrage gestellt wird und umfassende Reformen, vor allem im Bankensektor, gefordert werden. Sozialökonomie und Politik sind hier gefordert. Es stellt sich immer häufiger die Frage, wer in Wirtschaft und Gesellschaft das Geschehen bestimmt: Sind es die demokratisch legitimierten Volksvertreter oder gar die Manager in den Vorständen und Aufsichträten der Banken, die mit hoch spekulativen Eigengeschäften an den Finanzmärkten auf Renditejagd gehen? Seit Ausbruch der Finanzkrise Mitte 2007 ist eine umfassende Finanzmarktregulierung heute dringlicher denn je, damit die Eigeninteressen der Banken dem Gemeinwohl nicht mehr widersprechen.

Im Vordergrund der Diskussionen stehen Forderungen, die darauf abzielen, bei Banken mit vielschichtiger Geschäftätigkeit, den sogenannten Universalbanken, das spekulative Investment-Banking – vor allem den

---

[56] Cerra, V./Saxena, S. C., Growth Dynamics: The Myth of Economic Recovery, IMF Working Paper, 07.08.2005.

Eigenhandel[57] und die Gewährung von Krediten an Hedge-Fonds – von den klassischen, standardisierten Kredit- und Einlagengeschäften ('Retail-Banking') zu trennen ('Ringfencing'). Damit soll verhindert werden, dass bei Banken, die aufgrund riskanter Investment-Geschäfte insolvent zu werden drohen, auch deren kundenbezogene Betriebbereiche in Mitleidenschaft gezogen werden. Das führt dann erfahrunggemäß dazu, dass diese Banken wegen ihrer gesamtwirtschaftlichen Bedeutung[58] durch Einsatz öffentlicher Gelder ('Bail-out') gerettet werden. Letztendlich hat dann der Steuerzahler die Lasten zu tragen.[59] Der Staat wird erpressbar. Um das zukünftig zu verhindern, muss den Banken wieder eine dienende Dienstleistungfunktion gegenüber der Realwirtschaft zugewiesen werden. Dazu werden Trennbankensysteme gefordert.

Am weitesten geht in diese Richtung die amerikanische 'Volcker-Rule'.[60] Danach soll es Banken grundsätzlich nicht mehr gestattet sein, sich an Hedgefonds und Private Equity Fonds zu beteiligen, sie zu besitzen oder zu finanzieren und Eigenhandelgeschäfte[61] auf eigenes Risiko zu betreiben.[62] In

---

[57] das 'bankinterne Kasino', wie der Eigenhandel ('Deutsches Handelsblatt' vom 30.01.2013, Seite 1) bezeichnet wird, weil dabei keine Rücksichten auf verantwortungbewusste Kunden genommen zu werden brauchen.
[58] in diesem Zusammenhang wird von 'systemrelevanten' Banken gesprochen ('too big to fail').
[59] Die deutschen Sozialdemokraten nennen das einen 'finanzmarktgetriebenen Kapitalismus'.
[60] genannt nach Paul Volcker, der von 1979 bis 1987 Vorsitzender des Federal Reserve System's der USA war und heute Senator ist.
[61] Handel mit Wertpapieren, Devisen, Edelmetallen und Derivaten aller Arten auf eigene Rechnung.
[62] Banken müssen danach ihre Aktivitäten an den Finanzmärkten auf Kundenaufträge beschränken und dürfen selbst keine riskanten Positionen aus eigenen spekulativen Motiven eingehen. (Hilgers, H. A., Aktueller

der Europäischen Union folgt man dagegen eher dem Liikanen-Bericht.[63] Man befürchtet, dass mit den strengen Bestimmungen der 'Volcker-Rule' die verbotenen Geschäfte in die Grauzone sogenannter Schattenbanken getrieben werden könnten. Die Liikanen-Kommission empfiehlt deshalb, dass große Banken[64] ihre traditionellen Privat- und Firmenkundengeschäfte von den auf eigene Rechnung durchgeführten riskanten Finanzmarktoperationen[65] lediglich abschirmen.[66] Gedacht wird dabei gemäß dem OECD-Modell an Holdings, unter deren Dach rechtlich, wirtschaftlich und organisatorisch selbstständige Tochterunternehmungen mit Banklizenzen jeweils für einen der beiden Geschäftbereiche verantwortlich sind. Sollte die Investmentbank aufgrund ihrer

---

Begriff: Der Glass-Steagall Act und die Bankenregulierung (Nr. 05/10), in: Wissenschaftlicher Dienst des Deutschen Bundestages, 10.10.2012.

[63] einem Bericht der sogenannten Liikanen-Kommission, die eine EU-Expertengruppe zur Regulierung großer Kreditinstitute ist: ☛ http://ec.europa.eu/internal_market/bank/docs/high-level_expert_group/report_de.pdf; der Bericht trägt den Namen des Ausschussvorsitzenden Erkki Liikanen, der Präsident der finnischen Zentralbank und damit Mitglied des EZB-Rates ist.

[64] Im Liikanen-Bericht wird der Begriff 'Großbank' auf den prozentualen Anteil der Eigenhandelgeschäfte an der Bilanzsumme der betreffenden Bank (ab 15 %) oder/und die absolute Höhe des Eigenhandels (ab 100 Mrd. Euro) bezogen. Die im Liikanen-Bericht empfohlene Einschränkung der Pflicht zur Trennung der beiden Geschäftbereiche auf 'Großbanken', die durch keine praxisbezogenen Gründe zu erklären ist, lässt vermuten, dass hier die Banken-Lobby doch einen gewissen Einfluss ausgeübt hat.

[65] Nicht hierunter fallen Finanzmarktaktivitäten im Auftrag von Firmenkunden, wie Risikoabsicherungen für tatsächlich bestehende, seriöse Verträge, mit denen durch Termingeschäfte unter anderem Schwankungen von Rohstoffpreisen oder Wechselkursen abgesichert werden sollen. Gleiches gilt für Kreditausfallversicherungen (Credit Default Swaps, CDS) und selbstverständlich auch für die Ausgabe von Unternehmunganleihen. (Vergleiche hierzu auch: Estnische Gespräche über Wirtschaftpolitik, Jahrgang 20, Berlin/Tallinn 2012, Band 2, Anmerkung 17 bzw. 16).

[66] Dadurch könnten diese Eigenhandelgeschäfte – so ist zu hoffen – im kontrollierten Bereich gehalten werden.

risikoreichen Geschäfte zahlungunfähig werden, könnte sie unabhängig vom kundenbezogenen Bereich abgewickelt werden. Kredit- und Anlagengeschäfte und damit die Einlagen der Bankkunden wären somit geschützt. Denn nur diese originären Bankgeschäfte haben einen Bezug zur Realwirtschaft. Durch diese Trennung können lediglich auf Gewinn abzielendes Risiko und Haftung bei den ausgegliederten Unternehmungeinheiten eng verbunden werden.

Dass die Trennkonzepte in der Bankenwelt keine Zustimmung finden, ist verständlich. Die Gegenargumente sind aber wenig überzeugend. Die Kosten der betrieblichen Infrastruktur der Banken dürften kaum steigen, weil der größte Teil dieses Unterbaus – wie zum Beispiel die EDV – weiterhin von beiden Holding-Töchtern gemeinsam genutzt werden könnte. Allerdings wäre es der auf die Investmentgeschäfte beschränkten Unternehmungseite nun nicht mehr möglich, von den Ratings des kundenbezogenen Bereiches zu profitieren, was sicherlich deren Refinanzierungkosten erhöhte. Die Frage, ob durch die Einführung eines Trennbankensystems die Finanzstandorte der teilnehmenden Länder in der Europäischen Union in Gefahr geraten, betrifft allenfalls die separierten Investmentgeschäfte. Für die kundenbezogenen Bankgeschäfte ist die Nähe zur Realwirtschaft eine praktische Notwendigkeit.

Die Trennung der traditionellen Geschäft- von den riskanten und komplexen Investmentaktivitäten ist die wichtigste Maßnahme zur Bändigung der Finanzmärkte. Das setzt allerdings voraus, dass nicht nur 'Großbanken', sondern alle Banken dazu verpflichtet werden, diese grundverschiedenen Bereiche voneinander zu trennen. Ist die eine oder andere Bank aus betriebwirtschaftlichen Gründen zu klein für eine solche Trennung, dann muss sie auf die riskanten Geschäfte verzichten.

Sofern sichergestellt ist, dass die Eigenhandel betreibenden Konzerntöchter keinen Zugang zur Zentralbank haben und die ausschließlich kundenorientierten Kreditinstitute sich weder an Investmentbanken beteiligen noch diese refinanzieren dürfen, ist die Frage, ob der Eigenhandel generell beschränkt oder gar verboten werden sollte, von untergeordneter Bedeutung. Verboten werden müssen aber auf alle Fälle die rein spekulativen Warentermingeschäfte. Diese systemgefährdenden und zum Teil auch unmoralischen Derivate haben keinen unmittelbaren Bezug zur Realwirtschaft. Grundlage dieser Geschäfte sind Erwartungen an zukünftige Preisveränderungen von Waren, wie Agrarprodukte und Rohstoffe, auf die spekuliert wird. Die Vergangenheit hat gezeigt, dass solche Eingriffe der Banken in das Wirtschaftgeschehen oft zu Preisexzessen geführt haben. Diese gefährden die bedarfgerechte Versorgung der Bevölkerung mit Nahrungmittel – insbesondere in den ärmsten Regionen der Erde – und der produzierenden Wirtschaft mit Vorleistunggütern.

Bei den übrigen auszugrenzenden Bankaktivitäten handelt es sich um spekulative Eigenhandelgeschäfte, die auf Notierungen von Devisen, Wertpapieren oder sonstigen Rechten abzielen. Auch sie werden im eigenen Namen und auf eigene Rechnung durchgeführt, sind also nicht kundenbezogen. Diese Geschäfte werden zum größten Teil – wie die heutigen Warentermingeschäfte – nicht über Börsen, sondern abseits beaufsichtigter Märkte als sogenannte Over-the-Counter-Derivate (OTC) durchgeführt. Da sie meistens nicht mit genügend Eigenkapital unterlegt sind, können sie bei Fehlspekulationen leicht zu Insolvenzen der Agierenden führen und aufgrund der volkswirtschaftlichen Interdependenzen Kettenreaktionen auslösen. Deshalb ist es wichtig, dass Geschäfte dieser Art grundsätzlich der Genehmigung und strengen Kontrolle einer übergeordneten Instanz[67] unterliegen.

Nach den Beschlüssen des Europaparlaments sind die Banken zukünftig (ab 2014) dazu verpflichtet – und das betrifft im Westlichen die international agierenden Großbanken –, in ihren Bilanzen die Gewinne und die darauf entrichteten Steuern nach Ländern aufzuschlüsseln, in denen sie tätig sind. Durch eine solche Offenlegung können Verlagerungen von Geschäften in Steueroasen erheblich erschwert und aggressive Steuermanipulationen wirksam bekämpft werden.

In Marktwirtschaften muss der Grundsatz gelten und aufrechterhalten werden, dass Wirtschaftsubjekte, die zur Erzielung hoher Gewinne und Boni riskante Transaktionen vornehmen, dafür in vollem Umfang haften. Risiko und Verantwortung und damit Haftung gehören untrennbar zusammen. Es darf nicht sein, dass Banken sich aufgrund ihrer Systemrelevanz auf die Hilfe des Staates, also letztendlich des Steuerzahlers verlassen können. Das verführt in der Tendenz dazu, überhöhte Risiken (Moral Hazard) einzugehen, wodurch die Krisenanfälligkeit des gesamten Systems steigt. Verluste dürfen nicht sozialisiert werden, während Gewinne sowie exorbitant hohe Managergehälter und Boni privatisiert bleiben. Verluste, die nicht mehr anderweitig ausgeglichen werden können, müssen in erster Linie von den verantwortlichen Führungkräften und den Eigentümern der Banken getragen werden. Konkret bedeutet das: Bei Insolvenz haben:

---

[67] Analog zur 'Dodd-Frank'-Regulierung in den USA sieht die europäische Verordnung 'European Market Infrastructure Regulation' (EMIR) vor, dass OTC-Derivate zukünftig grundsätzlich über sogenannte 'zentrale Gegenparteien' (Central Counterparties, CCP) abgesichert, durchgeführt und an zentrale Transaktionregister gemeldet werden müssen.

→ die verantwortlichen Manager ihre über einen bestimmten Zeitraum bezogenen Gehälter – beispielweise der letzten fünf bis zehn Jahre – zur Deckung der entstandenen Verluste zumindest teilweise in die Unternehmung wieder einzubringen und

→ die Aktionäre ihre Anteilscheine[68] den Gläubigern im Austausch gegen deren Forderungen zu überlassen ('Debt-Equite-Swaps durch Bail-in').

Mit Boni, welche vom Grundgedanken her für besonders erfolgreiche Leistungen gezahlt werden, muss anders verfahren werden. Da sich der Erfolg oder Misserfolg einer Leistung erst nach Ablauf mehrerer Jahre herausstellt, sind Boni nicht sofort als Barleistung zu gewähren. Sie dürfen zunächst nur als Schuldverschreibungen – gewissermaßen als 'Bail-in-Bonds' – zugeteilt werden. Nach einer Sperrfrist von fünf bis zehn Jahren würden diese Anleihen dann fällig und könnten ausgezahlt werden, vorausgesetzt, die Bank ist in dieser Zeit nicht zahlungunfähig geworden.[69] Die Kollektivhaftung der Bezieher von Boni hätte möglicherweise noch den Nebeneffekt, dass jeder Einzelne die langfristigen Risiken seines Handelns problembewusster berücksichtigen und auch die Aktivitäten der Kollegen kritischer beobachten würde; eine solche Regelung wirkte insoweit disziplinierend.

Sind im Einzelfall die Schulden höher als das Grundkapital – einschließlich 'Debt-Equite-Swaps – der betreffenden Bank, dann kann daran gedacht werden, durch Schuldenschnitt oder

---

[68] und auch die Bankmanager ihre zuvor als Erfolgprämien erhaltenen Aktien und Aktienoptionen.

[69] Es könnte auch daran gedacht werden, – dem Beispiel der 'Union de Banques Suisses' (UBS AG) folgend – die Auszahlung der Boni von der Voraussetzung abhängig zu machen, dass eine bestimmte Eigenkapitalquote (im konkreten Fall 7 %) nicht unterschritten wird.

gänzlichen Forderungverzicht auch die Gläubiger an den Lasten zu beteiligen. Das könnte allerdings die Refinanzierungkosten der ohnehin schon in Bedrängnis geratenen Banken deutlich erhöhen. Deshalb bietet sich in diesen Fällen eher eine Umwandlung der Gläubigerforderungen in Zwangwandelanleihen an, also ein 'Bail-in' unter korrespondierender Erhöhung des potenziellen Grundkapitals. Davon auszunehmen sind selbstverständlich die Giro- und Sparguthaben, deren Inhaber zwar rein formal auch Gläubiger der Banken sind, die aber ihre Bankkonten zur Abwicklung des normalen Zahlungverkehrs und zur Geldvermögenbildung nutzen.

Im September 2012 haben die Staats- und Regierungchefs der Euro-Zone beschlossen, dass der mit Beiträgen der Euro-Länder finanzierte europäische Rettungfonds (European Stability Mechanism, ESM) auch direkt Hilfszahlungen an notleidende Banken leisten kann. Das verstößt eindeutig gegen den Grundsatz, dass zur Sanierung gewerblicher Einheiten keine öffentlichen Gelder, sondern nur Finanzmittel aus dem privatwirtschaftlichen Bereich heranzuziehen sind. Um zukünftig zu gewährleisten, dass in Krisenzeiten für Sanierungmaßnahmen der Banken keine Steuermittel zweckentfremdet werden, ist auf der Grundlage eines europäischen Gesetzes[70] ein bankeneigener Restrukturierungfonds zu schaffen, der nur bei Erfüllung verbindlicher Auflagen finanzielle Unterstützung gewährt. Der Teufelkreis,

---

[70] nach dem Vorbild des deutschen Bankenrestrukturierunggesetzes aus dem Jahr 2010. In Anbetracht der gegenwärtig noch außerordentlich unterschiedlichen finanziellen Schwierigkeiten in den einzelnen Euro-Ländern sollten – das wäre zu erwägen – in der Übergangzeit bis zur Überwindung der europaweiten Finanzkrise anstelle eines länder-übergreifenden Bankenfonds zunächst nationale Restrukturierungfonds eingerichtet werden, die dann später in einen einheitlichen europäischen Fonds zu überführen wären.

der durch die enge Verknüpfung zwischen Verschuldung des Finanzsektors und der Staaten entstanden ist, muss endlich durchbrochen werden. In diesem Sinne darf dieser Fonds nur durch Abgaben des Bankengewerbes finanziert werden. In einen solchen Rettungfonds kann auch ein Abwicklungfonds integriert werden, der die gegebenenfalls noch offenen Rechnungposten von zahlungunfähig gewordenen Banken trägt. Die Verwaltung ist einer von der Europäischen Zentralbank unabhängigen europäischen Anstalt für Finanzmarktstabilisierung zu übertragen.

Um mögliche Verluste vorsorglich abfedern zu können, ist für eine ausreichende Eigenkapitalausstattung zu sorgen. Das war 1988 Gegenstand der Beratungen des Baseler Ausschusses. Die gefassten Beschlüsse (Basel I) berücksichtigen bei der Bemessung des erforderlichen Haftungkapitals allerdings nur unzureichend die verschieden hohen Risiken der einzelnen Aktiva sowie Liquiditätsaspekte. Mit Basel II und Basel III sollen diese Lücken geschlossen werden. Nach Basel II müssen die Risikoaktiva unterschiedlich hoch mit Eigenkapital unterlegt werden (zum Beispiel die ausgegebenen Kredite je nach Bonität der Schuldner).[71] Basel III geht noch weiter, indem zusätzlich zwei Kennzahlen für die Liquiditätvorsorge eingeführt werden: die sogenannte Liquidity Coverage Ratio (LCR, 'Liquiditätspuffer') und die Net Stable Funding Ratio (NSFR). Nach beiden Kennzahlen müssen die Banken neben dem haftenden Eigenkapital außerdem noch ausreichend hohe Liquidität vorhalten, um in Stresssituationen ihren Zahlungverpflichtungen nachkommen zu können. Konkret bedeutet das: Bei den Banken muss der Liquiditätbestand (hochliquide Aktiva plus sichere Refinanzierungmöglich-

---

[71] Die Beratungen über die neue EU-Eigenkapitalrichtlinie (CRD IV) und die dazugehörige Verordnung (CRR) sind noch immer nicht zu einem befriedigenden Ende geführt worden.

keiten) höher sein als die benötigte Liquidität (zu erwartende Liquiditätsabflüsse plus benötigte stabile Refinanzierung).

Der Grundgedanke dieser Vorgaben ist richtig. Im Hinblick auf ihre möglichen Folgen sind jedoch noch weiterführende Überlegungen notwendig. Es ist zu befürchten, dass diese Kennzahlen die Banken dazu veranlassen, zukünftig eher kurzfristige Kredite zu vergeben oder verfügbare Liquidität zum Erwerb sicherer Wertpapiere zu verwenden, als langfristige Kredite zu gewähren. In der Tendenz führte das dann dazu, dass die Unternehmungen – besonders in Krisenzeiten – größere Schwierigkeiten hätten, ihre längerfristigen Investitionen zu finanzieren. — Dieser Effekt könnte durch die modernen Bilanzierungregeln prozyklisch noch verstärkt werden, wenn die Banken ihre Aktiva nach aktuellen Marktwerten bilanzieren, weil dann in Zeiten der Hochkonjunktur die Eigenkapitalbasis steigt und in Krisenzeiten sinkt. Ob und wann diese zusammenhängenden Probleme durch den bei der Europäischen Zentralbank angesiedelten Europäischen Ausschuss für Systemrisiken (European Systemic Risk Board, ESRB) gelöst werden kann, ist fraglich. Bisher ist in dieser Richtung noch nichts geschehen.

Andererseits wäre zu überlegen, ob – dem Beispiel Großbritanniens[72] folgend – der Europäischen Zentralbank das Recht eingeräumt werden sollte, bei drohender Überhitzung der Kreditmärkte ad hoc generell höhere Kapitalpuffer zu fordern. Zumindest sollte das bei sich abzeichnender Immobilienblase für die Immobilienkredite verordnet werden können.

---

[72] durch das Financial Policy Committee (FPC) der Bank of England.

Der Hochfrequenzhandel[73] kann – wie die Vergangenheit gezeigt hat – an den Wertpapiermärkten außerordentlich destabilisierende Wirkungen haben. Die moderne Datenverarbeitung macht es möglich. Mit rechnergestützten Algorithmen können Händler fremden Orders in Mikrosekunden zuvorkommen und durch Kombinationen von gleichgerichteten und unmittelbar anschließenden entgegengesetzten Kauf- und Verkaufplatzierungen Gewinne[74] erzielen. In vielen Fällen geht es den Agierenden lediglich darum, die Reaktionen der Wertpapiermärkte zu testen. Durch irreführende Signale dieser Art kann es zu exzessiven Kursentwicklungen und Vernichtungen von Finanzwerten in mehrstelligen Milliardenhöhen[75] kommen, ohne dass dies den tatsächlichen realwirtschaftlichen Entwicklungen entspricht.

Um zukünftig solche perversen Handelpraktiken zu stoppen, muss – wozu auch der Wirtschaftausschuss des Europäischen Parlaments rät – für Börsenaufträge eine Mindesthaltedauer[76] vorgegeben werden. Diese ist durch Computerprogramme streng zu überwachen. Bis es in der Europäischen Union zu einer solchen allgemein verbindlichen Regelung kommt, müssen Zwischenlösungen gefunden werden. Vor allem

---

[73] Vgl. hierzu: Lattemann, CH. (und andere), High Frequency Trading – Costs and Benefits in Securities Trading and its Necessity of Regulations, in: Business & Information Systems Engineering, Vol. 4, 2012, 2. Ausgabe, Seiten 93 – 108.

[74] die im Einzelfall zwar außerordentlich gering sind, in ihrer Gesamtheit sich jedoch zu exorbitant hohen Beträgen aufsummieren.

[75] wie am 6. Mai 2010 an den US-amerikanischen Aktienmärkten, als der Dow-Jones-Industrial-Average-Index in Minuten mehr als neun Prozent verlor, was einem Verlust von 1000 Punkten entsprach (Flash Crash). Die Ursache war eine fehlerhafte Order, die dazu führte, dass die IT-Systeme der Hochfrequenzhändler binnen Millisekunden zahllose Aufträge an die Börse abfeuerten.

[76] Der Wirtschaftausschuss des Europäischen Parlaments plädiert für eine Order-Mindestdauer von 0,5 Sekunden. Diese ist sicherlich zu kurz.

müssen die Wertpapierhändler und Fondsgesellschaften, welche an den Finanzmärkten unter Einsatz von Computern automatisierten Handel betreiben wollen, dazu verpflichtet werden, zuvor eine besondere Genehmigung zu beantragen, damit ihre Aktivitäten[77] streng kontrolliert werden können. Für verursachte Störungen des Handelsystems müssen sie die Haftung übernehmen und für übermäßige Nutzung besondere Gebühren zahlen. Irreführende, nicht auf konkrete Geschäftabschlüsse gerichtete Aufträge sind mit drastischen Geldstrafen zu ahnden. Ergänzend dazu sollten die Geschäftführungen der Handelplätze dazu verpflichtet werden, bei ungewöhnlichen Kursentwicklungen einen sofortigen Handelstopp zu verfügen und die Ursachen aufzuklären. Darüber hinaus bedarf es einer ständigen Überwachung des Verhältnisses zwischen Orders und Transaktionen (order-to-trade-ratio), um Regelverstöße aufdecken und Fehlentwicklungen rechtzeitig verhindern zu können.

Die im Bankensektor gezahlten Vorstand- und Aufsichtratvergütungen, Gehälter an leitende Angestellte in den oberen Führungebenen sowie Boni haben heute oft Ausmaße angenommen, die der breiten Öffentlichkeit kaum noch zu vermitteln sind. Sie gefährden den inneren Zusammenhalt der Gesellschaft. Bei der Formulierung von Vorgaben für ein vertretbares Vergütungsystem müssen Grundgehälter und Boni im Gesamtzusammenhang gesehen werden. Würde man nur die Boni reglementieren, bestände weiterhin die Möglichkeit, die Festgehälter so zu verändern,

---

[77] einschließlich ihrer zum Einsatz kommenden Algorithmen. Ein entsprechender Entwurf eines 'Gesetzes zur Vermeidung von Gefahren und Missbräuchen im Hochfrequenzhandel' (Hochfrequenzhandelgesetz) wird seit 30. Juli 2012 in der Bundesrepublik Deutschland beraten. Diesem zukünftigen Gesetz sollen nach dem Entwurf auch Handelgeschäfte unterworfen werden, die außerhalb des offenen Wertpapierhandels an den Börsen (Dark pool of liquidity) abgeschlossen werden.

dass die gewünschten Ergebnisse resultieren. Aus diesem Grund müssen die Fixgehälter die Grundlage einer gesellschaftpolitisch vertretbaren Regelung sein.

Die einfachste Lösung wäre, wenn man im Steuerrecht für die Anerkennung der Fixgehälter als betriebliche Personalausgaben einen Höchstbetrag[78] festsetzte. Gleiches gälte dann uno actu für die Boni, wenn man diese auf die Grundvergütung beschränkte. Sogenannte Eintritt- und Abschiedgelder dürften überhaupt nicht steuerrechtlich als Betriebausgaben anerkannt werden. Damit würde verhindert, dass die Steuerzahler überzogene Gehälter durch entsprechend geringere steuerpflichtige Gewinne der Banken und Steuereinnahmen des Staates gewissermaßen 'subventionieren'. Diese Regelungen verstießen nicht gegen das freiheitliche Prinzip der Marktwirtschaft. Es bliebe weiterhin jedem Beschlussgremium überlassen, die vorgegebenen Grenzwerte zu überschreiten, wenn es darum geht, im internationalen Wettbewerb hoch qualifizierte Führungpersönlichkeiten zu gewinnen. Für die Banken hätte das dann die Konsequenz, dass die über die Höchstbeträge hinaus gewährten Vergütungen aus den Gewinnen nach Steuern zu zahlen wären.

Eine solche steuerrechtliche Vorgehenweise kann allerdings aus verfahrenrechtlichen Gründen nicht auf den Bankensektor beschränkt werden. Sie müsste für die gesamte gewerbliche Wirtschaft gelten. Das setzt allerdings eine EU-weite Vereinheitlichung der Steuergesetzgebung, also praktisch eine Fiskalunion voraus. Bis die Gemeinschaft so weit ist und die einzelnen Mitgliedstaaten auf ihre nationale Steuerhoheit

---

[78] Wobei allerdings die Schwierigkeit bestände, dass man diese Größe ständig der wirtschaftlichen Entwicklung – vor allem der Preisentwicklung – anpassen müsste.

zugunsten einer europäischen Steuerbehörde verzichten, ist noch ein weiter Weg zurückzulegen. Bis dahin müssen für sozial vertretbare Vergütungstrukturen im Bankensektor Zwischenlösungen gefunden werden.

Deshalb ist vorerst für die Grundgehälter eine Obergrenze festzusetzen, wobei dieser Höchstbetrag in besonderen Fällen in einem bestimmten, sozial gerade noch vertretbaren Intervall überschritten werden kann. Wie weit dieses Intervall maximal sein darf, muss ebenfalls gesetzlich geregelt werden. Eine Entscheidung darüber kann in Anbetracht des erfahrunggemäß lethargischen Abstimmungverhaltens der in den Hauptversammlungen vertretenen Anteileigner – insbesondere wenn ausländische Aktionäre mehrheitlich die Eigentumrechte besitzen – nicht diesen Gremien überlassen werden.

Für hervorragende Leistungen können im Einzelfall zusätzlich Boni gewährt werden, und zwar maximal bis zur Höhe des Grundgehaltes. Diese variablen Bezüge dürfen dann aber aus Gründen der vorsorglichen Haftung nicht ausgezahlt, sondern müssen in Form von 'Bail-in-Bonds' vergütet werden. Die Verzinsung dieser Papiere sollte fairerweise zwei bis drei Prozentpunkte über der Verzinsung vergleichbarer, nachrangiger Anleihen liegen, also über jener sogenannter 'Contingent-Convertible-Bonds' (kurz: CoCo-Bonds). Die Zahlungen an Vorstand- und Aufsichtratmitglieder sowie alle Spitzenverdiener in den Führungebenen müssen generell offengelegt werden. Durch die Offenlegung der Gehaltbezüge kann ein mäßigender Einfluss bewirkt werden.

Die einzelnen Vorgaben zur Regulierung der Finanzmärkte müssen von einer übergeordneten Instanz überwacht werden. Nur eine starke zentrale Aufsicht kann die Finanzmärkte disziplinieren. Überließe man die Oberaufsicht nationalen

Bankenaufsehern, wäre zu befürchten, dass diese die heimischen Institute weniger streng kontrollierten.

Das Europaparlament hat beschlossen, dass die Europäische Zentralbank (EZB) ab 2014 diese Aufgabe vorerst übernehmen soll. Wichtig ist dabei vor allem, dass sowohl institutionell als auch personell eine deutliche Trennung von Geldpolitik und Aufsicht gewährleistet ist, damit keine Interessenkonflikte entstehen. Das gilt vor allem im Hinblick auf das vorrangige Ziel der Preisniveaustabilität. Außerdem muss zwischen der EZB und den nationalen Aufsehern eine klare Aufgabenverteilung bestehen, die aber eine enge Zusammenarbeit ermöglicht. Das ist deshalb von Bedeutung, weil die nationalen Zentralbanken den unmittelbaren Kontakt zu den Banken vor Ort haben und folglich die landesspezifischen Strukturen sowie die Besonderheiten der Geschäftmodelle und Finanzgeschäfte am besten kennen. Diese Kenntnisse ermöglichen bessere Vergleiche der praktizierten Strategien. Ungeachtet dessen muss die europäische Bankenaufsicht in Kooperation mit den nationalen Aufsehern direkte Durchgriffrechte auf insolvente Banken in Krisenländern haben, um deren nachhaltige Rekapitalisierung voranzutreiben.

Einführende Überlegungen Herbst 2012

SCHULDENKRISE
UND SYSTEMINHÄRENTE INSTABILITÄTEN

Die Vorstellung, dass das marktwirtschaftliche System grundsätzlich stabil sei und nach vorübergehenden Störungen stets wieder zu seinem Gleichgewicht zurückkehre, ist bereits in den vierziger Jahren durch die nachfrageorientierte Konzeption von John Maynard Keynes in Frage gestellt worden. Die danach Anfang der 70ger Jahre sich durchsetzenden neoklassischen Paradigmen[79], denen Annahmen wie der Homo oeconomicus, vollkommene Markttransparenz der Wirtschaftsubjekte[80] und effiziente sowie stabile Finanzmärkte zugrunde liegen, sind spätestens seit den Banken-, Finanz- und Schuldenkrisen dieses Jahrhunderts endgültig ad absurdum geführt worden. Die viel gepriesene *unsichtbare Hand* nach Adam Smith wird in der heute globalisierten Wirtschaft nicht grundsätzlich durch Moral und politische Vernunft geleitet, so dass das eigennützige Streben der einzelnen Wirtschaftsubjekte eben keine segensreichen Folgen zum Wohle der gesamten Gesellschaft hat. Die Verhaltensökonomik (Behavioral Economics) hat hier realistischere Wege aufgezeigt. Soll die Effizienz des Marktes, also eine freiheitliche Ordnung, aufrechterhalten werden, dann müssen verlässliche Spielregeln aufgestellt und befolgt werden, die verhindern, dass sich Geld- und Kapitalmärkte in atemberaubendem Tempo verselbstständigen und zu zerstörerischen Krisen führen. In

---

[79] vor allem begründet durch die Chicago School of Economics und ihren Vordenker Milton Friedman.

[80] die stets in der Lage seien, alle relevanten Informationen zu sammeln und situationgerecht in zielgerichtete Wirtschaftentscheidungen umzusetzen.

94

marktwirtschaftlichen Ordnungen gehören Chancen und Risiken sowie Haftung prinzipiell untrennbar zusammen. Die sogenannte Systemrelevanz der Banken und übrigen Finanzinstitute darf nicht die Regierungen der Länder erpressbar machen und dazu führen, dass Gewinne in der Privatwirtschaft verbleiben und Verluste vergesellschaftet werden.

Nachdem es im Euro-Verbund keine Wechselkurse mehr gibt, durch deren Senkung die Wettbewerbfähigkeit der Krisenländer gestärkt werden könnte, werden diesen Volkswirtschaften als probates Mittel sinkende Löhne und Gehälter (sogenannte interne Abwertung) empfohlen. Sinkende Personalkosten würden die Unternehmungen dieser Länder in die Lage versetzen, ihre Produkte auf den Auslands- und Inlandsmärkten billiger anzubieten, wodurch in der Tendenz die Exporte stiegen und möglicherweise die Importe sänken. Mit steigendem Außenbeitrag könnten dann die Auslandsschulden abgetragen werden. Das verbesserte die Kreditwürdigkeit dieser Länder und senkte deren Refinanzierungkosten und damit auch die Zinskosten für Investitionen. Dadurch würde das Wirtschaftwachstum dieser Länder stimuliert. – So weit die theoretischen Überlegungen und die daraus abgeleiteten Empfehlungen.

Die Entwicklungen in den Krisenländern haben gezeigt, dass bei sinkenden Personalkosten die Preise – wenn überhaupt – kaum reduziert werden. Sollte es deshalb zu steigenden Gewinnen kommen, werden diese nicht für Investitionen eingesetzt, sondern für Kreditrückzahlungen verwendet. Problematisch dabei ist: Die sinkenden Einkommen reduzieren die private Nachfrage und bewirken weitere Produktioneinschränkungen – mit entsprechenden Auswirkungen auf die Arbeitmärkte – und dies wiederum erneute Einkommenrückgänge. Zwar sinken auch die Importe, was aber bei rückläufiger Weltkonjunktur nur einen geringen Einfluss auf den Außenbeitrag hat. Vom Außenhandel sind also durch eine restriktiv angelegte Lohnpolitik keine ins Gewicht fallenden Wachstumeffekte zu erwarten.

Wenn man den Empfehlungen des amerikanischen Nobelpreisträgers Paul Krugman folgt[81], stellt sich die Lösung der gegenwärtigen Schwierigkeiten einfach dar: Man müsse à la Keynes nur die Staatsausgaben erhöhen, und dann wären über verstärktes Wirtschaftwachstum mittel- oder zumindest langfristig die Beschäftigung- und letztendlich auch die Verschuldungprobleme zu lösen. Es steht außer Frage, dass Wachstum ein wesentlicher Konsolidierungfaktor ist und ohne Wachstum alle Sparbemühungen ins Leere laufen. Aber ganz so einfach, wie Krugman sich das vorstellt, ist es nicht! Wie sollen die zusätzlichen Ausgaben in Anbetracht der riesigen Schuldenberge finanziert werden? Die meisten Staaten, die gegenwärtig in Anbetracht ihrer desolaten Haushaltlage am Abgrund einer tiefen Rezession stehen, wie beispielweise die Südländer der Europäischen Währungunion, sind an einen Punkt angelangt, an dem ihre Gesamtverschuldung die Grenze der Tragfähigkeit[82] überschritten hat. Sie können dann zusätzliche Ausgaben nicht mehr durch zusätzliche Schulden decken.

---

[81] Krugman, P., End this Depression Now! W.W. Norton & Company, New York/London, April 2012; ders.: The Return of Depression Economics and the Crisis of 2008, W.W. Norton & Company, New York/London, September 2008.

[82] Was bedeutet in diesem Zusammenhang *Tragfähigkeit*? Die Gesamtverschuldung eines Landes ist dann *tragfähig*, wenn die volkswirtschaftliche Leistungfähigkeit dieses Landes erwarten lässt, dass es auch in Zukunft die aus den Schulden resultierenden Zinskosten und Tilgungen noch tragen kann. Und das setzt wiederum entsprechende internationale Wettbewerbfähigkeit voraus.

Abgesehen davon berücksichtigen Empfehlungen zu schuldenfinanzierten Ausgabensteigerungen nicht den heute oft systemgefährdenden Einfluss marktbeherrschender Ratingagenturen.[83] Steigt der Verschuldunggrad eines Landes, so droht ihm die Herabstufung seiner Bonitätsklassifikation. Das hat dann für das betroffene Land dramatische Konsequenzen, indem die Zinsaufschläge (sogenannte Spreads) für dessen neu zu platzierende Anleihen an den Finanzmärkten steigen und den Staatshaushalt zusätzlich belasten. — Hinzu kommt, dass viele Fonds und Versicherungen nach ihren Satzungen nur erstklassig bewertete Staatsanleihen kaufen dürfen und Banken nach den Bilanzierungregeln ihre Wertpapiere zu Marktpreisen bewerten und den Beschlüssen des Baseler Ausschusses der Bank für Internationalen Zahlungausgleich (BIZ) gemäß risikobezogen mit Eigenkapital unterlegen müssen.[84] Werden Länder in ihrer Bonität herabgestuft, sinken die Qualitäten der laufenden Anleihen dieser Länder. Das führt in der Tendenz dazu, dass diese Papiere auf den Sekundärmärkten vermehrt angeboten werden, worauf ein Prozess aus sinkenden Anleihenkursen (steigenden Renditen) einsetzt und weitere Herabstufungen drohen. Unterstützt wird diese Entwicklung durch die für Marktwirtschaften typischen 'Gesetzmäßigkeiten der sich rechtfertigenden Erwartungen'. Die betreffenden Schuldnerländer geraten daraufhin noch tiefer in die Schuldenfalle.

Hier soll nicht verkannt werden, dass Ratingagenturen für die Finanzmärkte wichtig sind. Ihre Urteile disziplinieren nicht nur die Länder und Unternehmungen in ihren Haushalt- und

---

[83] Zu nennen sind in diesem Zusammenhang vor allem die drei großen amerikanischen Ratingagenturen Fitch Ratings, Moody's und Standard & Poor's.
[84] Basel II und zukünftig Basel III.

Geschäftführungen, sondern sie verbessern – wenn die Ratings korrekt sind[85] – die Markttransparenz der Anleger. Dazu ist es allerdings in Anbetracht der zum Teil schlechten Erfahrungen aus der Vergangenheit notwendig, dass das System der Ratingagenturen grundlegend durch strenge Regeln reformiert wird. Vor allem zwei Prinzipien müssen verwirklicht werden:

1) Den Bonitätsurteilen der Ratingagenturen liegen zahlreiche Indikatoren zu Grunde, die in ihrer wechselnden Gewichtung für Außenstehende kaum zu durchschauen sind. Deshalb müssen die Agenturen verpflichtet werden, offenzulegen, wie sie zu ihren Aussagen gekommen sind.

2) Die Ratingagenturen müssen die Verantwortung für ihre Beurteilungen tragen. Das bedeutet: Für den Fall, dass eine Ratingagentur grob fahrlässig oder gar vorsätzlich eine unzutreffende Aussage gemacht hat, muss sie zumindest eine Teil- oder – bei mikroökonomischen Ratings[86] – möglicherweise sogar eine Vollhaftung übernehmen. —

Wirtschaftwachstum ist als wichtiger Konsolidierungfaktor anerkannt worden. Allerdings können mit Wirtschaftwachstum allein die Schuldenprobleme nicht gelöst werden, weil die dazu erforderlichen stimulierenden Staatsausgaben ja auch in irgendeiner Weise finanziert werden müssen. In Anbetracht der zum Teil exorbitanten Schuldenbestände der Krisenstaaten werden Sparmaßnahmen nicht zu vermeiden sein. Hier

---

[85] Dabei sollten nicht nur makroökonomische Daten der einzelnen Staaten kritisch berücksichtigt werden, sondern auch politische und sozialökonomische Indikatoren.

[86] Um Interessenkonflikte zu vermeiden, sollten Unternehmungen gezwungen werden, die von ihnen hinzugezogene und auch von ihnen honorierte Ratingagentur regelmäßig, zum Beispiel alle drei oder fünf Jahre, zu wechseln.

ergeben sich aber besondere Probleme, weil in den öffentlichen Budgets die Sozialausgaben oft der größte Posten sind. Folglich werden Einsparungen in diesen Bereichen unumgänglich sein, so schwer das auf Grund ihres verteilungpolitischen Charakters sozialethisch zu vertreten ist. Wohlgemerkt: Hier geht es nicht um Sozialabbau, sondern um Kürzungen von Staatsausgaben, wo überzogene verteilungpolitische Zielvorstellungen zu unausgewogenen Ergebnissen geführt haben. Zu nennen sind hier vor allem Transferzahlungen an Bezieher hoher Einkommen; so können zum Beispiel Zahlungen von Kindergeld an Familien mit einem Gesamteinkommen oberhalb bestimmter Beträge – wobei die Grenzen fließend gestaltet werden können – ersatzlos gestrichen werden. Problematisch ist dagegen eine generelle, unreflektierte Erhöhung des Renteneintrittalters, wenn man beispielweise die altersabhängige Leistungfähigkeit eines Fabrik- oder Straßenbauarbeiters mit der eines Hochschulprofessors vergleicht. Weniger bedenklich erscheint dagegen eine Bindung der zukünftigen Erhöhungen von Renten und Pensionen an Veränderungen der durchschnittlichen Lebenserwartung der Bevölkerung. — Weitere Einsparungpotenziale gibt es bei Subventionen, wie zum Beispiel bei den Agrarsubventionen, bei Gehaltszahlungen im höheren öffentlichen Dienst und vor allem auf Regierungebene, bei sogenannten Aufwandsentschädigungen für Parlamentarier, bei Rüstungausgaben und bei der zum Teil aufgeblähten Bürokratie.[87]

---

[87] Vgl. im Übrigen – auch im Hinblick auf mögliche Erhöhungen der Staatseinnahmen: Schuldenkrise in der Europäischen Union – Gedanken zur gegenwärtigen Problematik, Estnische Gespräche über Wirtschaftpolitik, 2012, Band I, Seiten 9 – 20.

Eine umfassende Sparpolitik, welche den Krisenländern in Anbetracht ihrer Schuldenstände verordnet werden muss, kann allerdings allein kein Ausweg aus der Schuldenproblematik sein. Eine unreflektierte Austeritätspolitik verschärft eher noch die Probleme, weil sie das Wirtschaftwachstum zu bremsen und die Erwerblosigkeit zu erhöhen droht. Deshalb ist eine ausgewogene Kombination aus Spar- und Wachstumpolitik der einzig gangbare Weg aus der gegenwärtigen Schuldenkrise. Dazu sind grundlegende Strukturreformen[88] in Angriff zu nehmen, die geeignet sind, das Wirtschaftwachstum zu stärken. Zu denken ist dabei an:

→ Industrialisierung: Bis vor der Krise schienen Länder mit einem ausgeprägten Dienstleistungsektor und einem leistungstarken Finanzsektor[89] ein hohes Wachstumpotenzial zu besitzen. Die Erfahrungen der letzten Jahre haben aber gezeigt, dass es dabei weniger auf die Bedeutung des Dienstleistungbereiches als auf den Industrialisierunggrad ankommt, weil immaterielle Güter im Welthandel nur eine untergeordnete Rolle spielen. Stattdessen fördern Maßnahmen zur Stärkung der Warenproduktion tendenziell den Export und damit das Wirtschaftwachstum. Deshalb gilt es, den industriellen Wertschöpfunganteil – und auch den des Waren produzierenden Gewerbes – am Bruttoinlandprodukt zu erhöhen.

→ Investitionen in die Infrastruktur zur Erhöhung der Produktivitäten.

→ Maßnahmen zur Stärkung des Wettbewerbs durch Abbau von Marktzutrittsbarrieren.

→ Arbeitmarktreformen durch Aufbrechen verkrusteter Strukturen. Arbeitrechtliche Schutzgesetze müssen den Veränderungen in Wirtschaft und Gesellschaft angepasst

---

[88] die allerdings zum Teil Zeit benötigen, etwa fünf Jahre.
[89] wie beispielweise Großbritannien.

werden. Dabei geht es um zwei Aspekte: Zum einen sind Mittelstand und Industrie von arbeitrechtlichen Fesseln zu befreien – soweit das sozialpolitisch vertretbar ist –, um ihnen die notwendige Anpassung an die sich ständig ändernden Rahmenbedingungen des internationalen Wettbewerbs zu ermöglichen. Zum anderen ist daran zu denken, dass den langjährigen Beschäftigten auf Arbeitplätzen mit hohem arbeitrechtlichen Schutz junge Menschen gegenüberstehen, die ohne ausreichende Beruferfahrung händeringend Ausbildung- und Arbeitplätze suchen. Diese Jugendlichen sind heute die in höchstem Grade besorgniserregenden Opfer der Finanz- und Wirtschaftkrisen. Im Hinblick auf diese geteilten Arbeitmärkte müssen gesellschaftlich vertretbare Kompromisse gefunden werden.

→ Jugendarbeitlosigkeit muss vor allem durch grenzüberschreitende Beratung und Vermittlung von Ausbildung- und Arbeitplätzen, europaweite Sprach- und berufliche Qualifikationprogramme sowie Anerkennung von Bildung- und Berufzertifikaten zum Abbau von Einstieghürden bekämpft werden. Denn: Eine fortschrittlich ausgebildete Jugend stellt das Potenzial für zukünftiges Wirtschaftwachstum dar.

→ Ausrichtung der Sozialsysteme auf die Herausforderungen der Globalisierung und der demografischen Entwicklung.

→ Vereinfachung der Steuersysteme; rigorose Bekämpfung der Steuerhinterziehung mit abschreckenden Mitteln; das Stückwerk bilateraler Steuerabkommen ist durch ein europaweites Vertragswerk zu ersetzen, damit zumindest in Europa sogenannte Steueroasen beseitigt werden.

→ Aufnahme von Schuldenbremsen in die Verfassungen mit dem Ziel, mittelfristig ausgeglichene 'strukturelle Staatshaushalte'[90] zu erreichen. Für den Fall vorübergehender

---

[90] Staatshaushalt unter Ausschluss konjunktureller Einflüsse.

oder wiederholter Regelverletzungen müssen solche Verpflichtungen mit einem Katalog von Sanktionen kombiniert werden; denn: Finanzielle Stabilität ist eine wichtige Voraussetzung für nachhaltiges Wirtschaftwachstum.

→ Schaffung effizienter Verwaltungstrukturen; Befreiung des Mittelstandes und der Industrie von bürokratischen Fesseln.

→ Entwicklung regenerierbarer Energien und neuer Techniken zur umweltfreundlichen Energieerzeugung, wie beispielweise Kernfusion[91].

→ Investitionen in grenzüberschreitende leistungfähige Verkehrs- und Energienetze.

→ Investitionen in Bildung mit klar definierten beruflichen Qualifikationen, zukunftsweisende Forschung und Entwicklung für Innovationen als Grundlagen für nachhaltiges Wirtschaftwachstums.

Der Bankensektor hat schon seit jeher die Aufgabe gehabt, im Kundenkreditgeschäft als Dienstleister für die übrige Wirtschaft tätig zu werden. Das bedeutete: Auf der einen Seite haben die Banken vorübergehend nicht benötigte liquide Mittel einzusammeln, um diese dann auf der anderen Seite an jene Wirtschaftsubjekte weiterzuleiten, die diese Mittel für Investitionen oder größere Privatanschaffungen benötigen. Daneben gibt es noch das sogenannte Investmentbanking. Dies ist heute ein gleichermaßen wichtiger, systemrelevanter Bankenbereich, wenn es dabei darum geht, die Unternehmungen bei ihren Finanzierungen über die Kapitalmärkte (Corporate Finance) zu unterstützen. Das ist der Fall bei Fusionen und Unternehmungübernahmen (Mergers & Acquisitions), Projektfinanzierungen (Structured Finance), Emissionen von Aktien und Anleihen (Capital Markets),

---

[91] nicht Kernspaltung!

Kapitalanlagen für Kunden (Asset Management) und beim Sekundärhandel am Kapitalmarkt (Sales & Trading).

Dagegen haben die Eigengeschäfte der Investmentbanken (Principal Investment) und vor allem der sogenannten Schattenbanken[92] in ihrer Breitenwirkung oft einen geradezu systemgefährdenden Einfluss. Der reine Eigenhandel hat für die Volkswirtschaft keinerlei Nutzen, weil im Fokus seiner Betreiber nicht die Realwirtschaft, sondern die bankeigene Profitrate des Kapitals steht. Führen diese hochspekulativen Finanztransaktionen die betreffenden Institute an den Rand ihres Zusammenbruchs, dann werden sie – wie die Erfahrungen gezeigt haben – auf Grund ihrer sogenannten Systemrelevanz durch staatliche und letztendlich durch den Steuerzahler vor dem Bankrott gerettet. Normale Unternehmungen müssen Insolvenz anmelden, wenn sie schlecht oder zu risikoreich wirtschaften und deshalb zahlungunfähig werden. Banken werden aber vom Staat gerettet.[93] In der Finanzbranche sind insoweit die Grundprinzipien der Marktwirtschaft außer Kraft gesetzt.

Es genügt nicht, zukünftig Einlagen- und Kreditgeschäfte sowie den Zahlungverkehr einerseits vom Investmentbanking andererseits zu trennen (Trennbankensystem), höhere Eigenkapitalquoten von Banken bei deren Kreditgeschäften zu fordern, die Banken insgesamt per Umlage zur Anlage überbetrieblicher Risikofonds zu verpflichten und ihnen Finanzmarkttransaktionsteuern aufzuerlegen. Zukünftig müssen derivative Finanzinstrumente (kurz: Derivate) strenger und lückenloser als bisher kontrolliert werden. Das gilt vor

---

[92] wie Hedgefonds, Private-Equity-Fonds, Conduits, Structured Investment Vehicles und einige Formen von Zweckgesellschaften.

[93] Dieser staatliche Schutz ist in der Vergangenheit so attraktiv gewesen, dass er unter anderem ein Motiv für zahlreiche Fusionen und Übernahmen in der Finanzbranche war.

allem für die außerhalb der Börsen gehandelten Finanzinstrumente (Over-the-Counter-Derivate, OTC), die mittlerweile schwindelerregende Höhen erreicht haben. Inwieweit die verschiedenen Arten von Finanztransaktionen ausschließlich über die Börsen laufen müssen, ist sorgfältig zu prüfen. Unverantwortliche Finanzprodukte, das heißt rein spekulative Derivate, wie zum Beispiel sogenannte Leerverkäufe (Shortselling), sind rigoros zu verbieten.[94] Sie entziehen der Realwirtschaft wichtiges produktives Kapital und führen, wie sich gezeigt hat, zu Verwerfungen an den Wertpapiermärkten und erhöhen damit das systemische Risiko.

Schulden, die von Banken nicht mehr zurückgezahlt werden können, sollten nicht vom Staat, sondern von den wirtschaftlichen Eigentümern dieser Banken übernommen werden. Dass bedeutet konkret, dass die Aktionäre ihre Anteilscheine den Gläubigern im Austausch gegen einen Forderungverzicht überlassen (Debt-Equity-Swaps). Sind im Einzelfall die Schulden höher als das Grundkapital der betreffenden Bank, dann haben eben die Gläubiger und nicht die Steuerzahler die Lasten zu tragen.

Kollektive und unbegrenzte Gier[95], groß angelegter Betrug sowie zügellose Spekulationen auf den von den Realitäten losgelösten Finanzmärkten müssen mit aller Schärfe bekämpft werden. Anderenfalls tragen die privatkapitalistischen Systeme den gleichen Keim des Scheiterns in sich wie die

---

[94] Damit sind nicht Derivate gemeint, welche der Risikoabsicherung tatsächlich bestehender, seriöser Geschäfte dienen, mit denen durch Termingeschäfte beispielsweise Schwankungen von Rohstoffpreisen oder Wechselkursen aufgefangen werden sollen. Gleiches gilt für Derivate als Kreditausfallversicherungen (Credit Default Swaps, CDS).
[95] Wie sagte doch Friedrich Nietzsche? "*Wo Geld klingelt, da herrscht die Hure.*"

staatskapitalistischen Modelle. In Zeiten der Globalisierung müssen Verantwortung und Vernunft dazu führen, dass Ordnungprinzipien auch international anerkannt und von den Regierungen weltweit durchgesetzt werden.

SCHULDENKRISE IN DER EUROPÄISCHEN UNION

Kein Jahrzehnt in der Vergangenheit ist durch mehr Wirtschaftkrisen gekennzeichnet als das abgelaufene. Es begann mit der New-Economy-Blase um die Jahrtausendwende, gefolgt vom Subprime-Desaster[96], das über den Höhepunkt der Finanzkrise 2008 zur Banken- und gegenwärtig zur Staatsschulden- und Eurokrise geführt hat. Immer wieder waren es die Finanzmärkte, welche ihre destruktive Kraft ausübten. Untersuchungen von V. Cerra und S. C. Saxena[97] zeigen, dass Störungen in der Realwirtschaft, die mit Turbulenzen im Finanzsektor einhergehen, besonders in entwickelten Industrieländern hochgradig persistent sind. Das hat in den öffentlichen Diskussionen dazu geführt, dass in immer breiteren Kreisen der Bevölkerung – auch der Wirtschaftwissenschafter – die Effizienz westlicher Wirtschaftsysteme zunehmend infrage gestellt wird. Die Theorie von den selbstheilenden Kräften freier Märkte, wozu Adam Smith mit seiner Metapher der 'unsichtbaren Hand' den Grundstein legte, hat sich als Irrtum in der Geschichte der Ökonomie herausgestellt. Die Marktwirtschaft, mit der man Ordnung, Gleichgewicht und Stabilität zu erreicht glaubte, ist in Wirklichkeit ein höchst unvollkommenes System. Mit anderen Worten: Sie ist ein natürliches Ungleichgewicht-system. Dennoch: In Anlehnung an die bekannte Aussage von Winston Churchill kann man sagen: Die Marktwirtschaft ist das schlechteste Wirtschaftsystem — mit Ausnahme aller übrigen. Zum Markt gibt es eben keine bessere Alternative,

---

[96] US-Immobilienkrise, auf Grund jahrelanger Fehlbewertungen verbriefter Immobilienkredite durch US-amerikanische und schließlich auch internationale Banken.

[97] Cerra, V./Saxena, S. C., Growth Dynamics: The Myth of Economic Recovery, IMF Working Paper, 07.08.2005.

man muss nur seine Grenzen kennen, um seine Auswüchse rechtzeitig bekämpfen zu können.

Bereits vor der globalen Finanzkrise war die Schuldenlast in zahlreichen Staaten bedenklich hoch. Die öffentlichen Ausgaben in Billionenhöhe zur Rettung systemrelevanter Banken und zur Stützung der Konjunkturen haben die Staatsschulden mittlerweile in so kritische Höhen getrieben, dass die Finanzmärkte eine Kette von Staatspleiten befürchten. Der Schuldenberg der OECD-Staaten betrug vor der Krise im Jahre 2007 bereits 73 Prozent des Bruttoinlandproduktes (BIP) und wird voraussichtlich im laufenden Jahr auf deutlich über 100 Prozent steigen. Nach Analysen[98] der US-Ökonomen Kenneth S. ("Kenn") Rogoff und Carmen M. Reinhard wird bereits bei 90 Prozent jene Grenze überschritten, ab der öffentliche Schulden das Wirtschaftwachstum zu lähmen drohen.

Hohe Staatsschulden schränken die Handlungspielräume der Politik ein. Je höher die daraus resultierenden Zinszahlungverpflichtungen sind, desto weniger kann für die wachstumrelevante Bildung und Infrastruktur ausgegeben werden, ganz abgesehen von der Möglichkeit des Einsatzes antizyklischer Konjunkturprogramme. Deshalb wird der Konsolidierung der Staatsfinanzen in den kommenden Jahren die höchste Priorität einzuräumen sein. In Anbetracht der gegenwärtigen Höhen von Staatsschulden wird es wohl den wenigsten Ländern gelingen, kurzfristig ihren Schuldenberg in nennenswertem Umfang abzubauen. Entscheidend ist aber, dass die Quoten der Staatsschulden sinken, also die Relationen von Schulden zur Wirtschaftleistung des jeweiligen Landes,

---

[98] Rogoff, K. S./Reinhard, C. M., Growth in a Time of Debt, American Economic Review, May 2010, pp. 573 – 578; ferner: dieselben, Dieses Mal ist alles anders, FinanzBuch Verlag, Kulmbach 2010.

dem BIP. Durch Erhöhung der Einnahmen und Senkung der Ausgaben kann zumindest zunächst einmal die Neuverschuldung und damit der weitere Anstieg des Zählers im Schuldenquotienten reduziert werden. Ein stärkeres Wirtschaftwachstum wiederum erhöht den Nenner und senkt damit deutlich die Quote. Wie die Gewichte dieser drei Ansatzpunkte zu setzen sind, hängt im Wesentlichen von den Steuersystemen, den Ausgabenstrukturen und Wachstumressourcen sowie letztendlich auch von den politischen Rahmenbedingungen ab.

Steigerungen der Staatseinnahmen – hierbei geht es vor allem um Steuern – tangieren in besonderer Weise Verteilungfragen. Politiker denken dabei in erster Linie an indirekte Steuern, weil diese erfahrunggemäß nach einer relativ kurzen Gewöhnungphase beim breiten Publikum wieder in Vergessenheit geraten und dann die Konsumnachfrage kaum noch beeinflussen. Insofern erscheinen indirekte Steuern wachstumfreundlicher als direkte Steuern, wenn Letztere die Unternehmergewinne[99] nachhaltig reduzieren und Anlass zu Standortverlagerungen geben. Direkte Progressivsteuern sind zwar politisch attraktiv, aber wirtschaftlich gefährlich. Andererseits sprechen gegen indirekte Steuern deren ausgesprochen regressive Verteilungwirkungen, mit Ausnahme von Steuern auf Tabak, Alkohol und sonstige Suchtmittel, bei denen gesundheitliche Gesichtspunkte im Vordergrund der Überlegungen stehen sollten. Neben Steuererhöhungen gibt es noch Möglichkeiten, öffentliche Unternehmungen in Privateigentum zu überführen. Das ist vertretbar, soweit dadurch nicht hoheitliche Aufgaben zum Nachteil für die Allgemeinheit beeinträchtigt werden.

---

[99] bei fehlenden Überwälzungmöglichkeiten

Durch höhere Einnahmen allein können die Schuldenprobleme allerdings nicht gelöst werden. Die Staaten müssen auch die Ausgaben kürzen. Hier ergeben sich besondere Probleme, weil in den öffentlichen Budgets die Sozialausgaben oft den größten Posten ausmachen. Deshalb sind Einsparungen in diesen Bereichen unumgänglich, so schwer das auch aufgrund vermeintlicher Besitzstände durchzusetzen sein wird. Zumindest sollten dort Kürzungen vorgenommen werden, wo überzogene verteilungpolitische Zielvorstellungen zu unausgewogenen Verhältnissen geführt haben, wie z. B. im höheren öffentlichen Dienst einschließlich Parlamente und Regierungen. Ersatzlos zu streichen sind Transferzahlungen (z. B. Kindergeld) an Bezieher von Einkommen oberhalb bestimmter Einkommengrenzen, wobei die Übergänge fließend gestaltet werden können. Zu prüfen ist, inwieweit eine im Laufe der Zeit aufgeblähte Bürokratie auf ein angemessenes Ausmaß zurückgeführt werden kann. Vor allem im Bereich der Rüstungindustrie sind erhebliche Einsparungpotenziale vorhanden. Dennoch: Eine rigorose Sparpolitik, welche den Krisenländern verordnet wird, kann allein kein Ausweg aus der Schuldenproblematik sein. Eine unreflektierte Austeritätpolitik verschärft eher noch die Probleme, weil sie das Wirtschaftwachstum zu bremsen und die Erwerblosigkeit zu erhöhen droht.

Neben den Haushaltfehlbeträgen müssen auch die zum Teil gewaltigen Leistungbilanzdefizite einiger EU-Länder kritisch analysiert werden. Negative Leistungbilanzen – konkreter: Güterbilanzen – bedeuten, dass die betreffenden Volkswirtschaften mehr Waren und Dienstleistungen aus dem Ausland beziehen als sie selbst exportieren und sich insoweit durch den Güteraustausch gegenüber dem Ausland verschulden. Handelt es sich bei diesem Mehr um Güter zum Auf- und Ausbau einer wettbewerbfähigen Industrie, ist das unbedenklich, weil dadurch die Grundlagen für ein zukünftiges Wirtschaftwachstum geschaffen werden. Handelt es sich dabei allerdings um Güter, die ausschließlich dem Konsum der inländischen Bevölkerung dienen, leben diese Länder gewissermaßen 'über ihre Verhältnisse'. Dadurch steigt deren Krisenanfälligkeit und zwingt sie früher oder später zu einschneidenden Anpassungprozessen. Dann lassen sich private und öffentliche Schulden oft nicht mehr voneinander trennen, wenn durch Bailouts private Verbindlichkeiten systemrelevanter Schuldner zu Staatsschulden werden

Das Wirtschaftwachstum ist der dritte Ansatzpunkt zur Reduzierung der öffentlichen Schuldenquoten. Dazu bedarf es durchgreifender Strukturreformen, um Wettbewerbdefizite in Europa zu überwinden und die internationale Wettbewerb-fähigkeit der Europäischen Union nachhaltig zu erhalten. Konkret heißt das: Ausbau der Infrastruktur und Förderung der Bildung, vor allem in den Fächern Mathematik, Informatik, Naturwissenschaften und Technik, weil die forschung- und technologieorientierten Branchen von besonderer Bedeutung sind. Das erfordert zwar steigende Staatsausgaben, also tendenziell steigende Zählerwerte im Verschuldungquotienten, dem aber bei erfolgreicher Wachstumpolitik kompensierende Erhöhungen des Nenners gegenüberstehen.

Die Zukunft Europas entscheidet sich nicht nur auf den Finanzmärkten[100], auch die Arbeitmärkte spielen eine entscheidende Rolle. Die Verschuldungprobleme werden nur zu lösen sein, wenn es gelingt, die derzeit in den meisten Mitgliedstaaten der Europäischen Union drastisch ansteigende Erwerblosigkeit zu überwinden. Das gilt ganz besonders für die beängstigende Eskalation der Jugendarbeitlosigkeit. Die Jugend Europas stellt das zukünftige, fundamentale

---

[100] Vgl. hierzu: 18. Estnische Gespräche über Wirtschaftpolitik, Berlin/Tallinn 2010, Seiten 9 ff.

Wachstumpotenzial dar. Dieses muss durch zielgerichtete Bildung- und Qualifikationkonzepte erhalten und genutzt werden. Wird das versäumt, werden entscheidende Chancen verpasst. Der Leitsatz der deutschen Bundeskanzlerin Angela Merkel zu Europa, 'wenn der Euro scheitert, scheitert Europa', sollte konkreter heißen: Wenn Europa die Jugend vergisst, scheitert der europäische Gedanke.

Eine Fiskalunion mit Rettungsschirmen in der Übergangphase ist zwar eine wichtige Voraussetzung zur Lösung der gegenwärtigen Probleme in der Europäischen Union. Das allein reicht aber nicht. Sie muss ergänzt werden durch eine Agenda für Wachstum und eine flexible Arbeitmarktpolitik, welche vor allem die Rückführung der Jugendarbeitlosigkeit zum wesentlichen Inhalt hat.[101] Zu denken ist dabei an Sprachförderungen in den Mitgliedstaaten, unbürokratische Anerkennung von Qualifikationen in allen Berufsparten, Vereinheitlichung von Ausbildungprogrammen sowie innereuropäische Vermittlung- und Austauschprogramme.

Von jenen Mitgliedländern, die mit Schuldenproblemen zu kämpfen haben und aufgrund ihrer niedrigen Ratings hohe Anleihenzinsen zu zahlen haben, wird die Einführung von Euro-Bonds favorisiert, vielerorts sogar gefordert. Das ist durchaus verständlich. Waren es vor Einführung des Euros noch die Wechselkurse, welche die Kapitalbewegungen durch die Wechselkursunsicherheiten risikoorientiert steuerten, sind es heute im Euro-Raum nur noch die Zinsdivergenzen. Nach Einführung von Euro-Bonds gäbe es für die staatlichen Schuldtitel[102] einen einheitlichen, an der gemeinsamen Bonität

---

[101] Vgl. hierzu: Clement, W. (früherer Wirtschaft- und Arbeitminister der Bundesrepublik Deutschland), Ohne die Jugend ist Europa verloren, in: 'Deutsches Handelsblatt' – Deutschlands Wirtschaft- und Finanzzeitung, 10./11.02.2012, Seite 10.
[102] zumindest für die sog. Blue Bonds

aller Euro-Länder orientierten Zins. Die disziplinierende Funktion der Märkte mit ihren Zinsspreizungen nach der Bonität der Schuldner gäbe es nicht mehr. Das hätte zur Folge, dass die Krisenländer deutlich geringere Zinsen zu zahlen hätten. Ob dann die beim Schuldendienst eingesparten Mittel für wachstumstimulierende Maßnahmen ausgeben würden, ist nicht sicher. Vielmehr schwindet der Zwang, unpopuläre Maßnahmen zur Konsolidierung der Staatshaushalte durchzuführen. Euro-Bonds würden den Zwang zur Haushaltdisziplin von den hoch verschuldeten Ländern nehmen und praktisch deren Sünden aus der Vergangenheit vergemeinschaften. Länder mit weitaus geringeren Verschuldungproblemen hätten dann vergleichsweise höhere Durchschnittzinsen zu zahlen. Das Verursacherprinzip würde außer Kraft gesetzt. Unsolide Haushaltpolitik würde nicht mehr mit hohen Zinsen bestraft.

Einführende Überlegungen Herbst 2011

SCHULDENKRISE IN EUROLAND: IST DER EURO NOCH ZU RETTEN?

1962 präsentierte die Kommission der damaligen Europäischen Wirtschaftgemeinschaft (EWG) unter dem deutschen Politiker Walter Hallstein erste Vorschläge für eine Europäische Währungunion (EWU). Diese führten 1979 auf Initiativen von Frankreichs Präsident Valery Giscard d'Estaing und dem deutschen Bundeskanzler Helmut Schmidt zum Beschluss des Europäischen Rates, ein Europäisches Währungsystem (EWS) zu entwickeln. Dieses Projekt wurde dann 1992 durch den Maastrichter Vertrag konkretisiert. Heute, zwölf Jahre nach seiner Einführung am 1. Januar 1999, steht das EWS durch die Schulden seiner Mitgliederstaaten dicht vor dem Abgrund. Allein Griechenland hat bei den 90 Banken, die am europäischen Stresstest teilgenommen haben, Schulden in Höhe von 98,2 Milliarden Euro angehäuft. Irland und Portugal stehen bei diesen Banken mit 52,7 und 43,2 im Debet.[103] Hinzu kommen die Bankschulden der wesentlich größeren Eurostaaten Italien und Spanien. Hätten diese Banken ihre Staatsanleihen der hoch verschuldeten Länder zu aktuellen Kursen bilanziert, wären deren Eigenkapitalquoten deutlich nieriger ausgefallen, und sie hätten möglicherweise die Stresstests gar nicht bestanden.

Hier stellt sich zunächst die Frage, welche Bedeutung Staatsanleihen für Kreditinstitute überhaupt haben. Staatsanleihen sind für Banken ein unverzichtbarer Bestandteil ihrer Liquiditätsreserven, weil sie in normalen Zeiten leicht zu verkaufen sind, zumal die Europäische Zentralbank (EZB)

---

[103] 'Deutsches Handelsblatt' vom 20.07.2011, Seite 6.

diese Papiere als Sicherheiten bei der Refinanzierung akzeptiert. Andererseits erbringen sie Zinserträge, was von besonderer Bedeutung für Kreditinstitute ist, bei denen die Kundeneinlagen die Kreditnachfrage übersteigen, wie das bei Sparkassen und genossenschaftlichen Kreditinstituten häufig der Fall ist. Die Bedeutung der Staatsanleihen wird zukünftig sogar noch steigen, wenn nach den Regeln von Basel III ein bestimmter Mindestsatz der Liquiditätsreserven aus solchen öffentlichen Schuldverschreibungen bestehen muss.

Während bis vor der Schuldenkrise Staatsanleihen als relativ sichere Anlagen angesehen wurden, gilt das gegenwärtig nur noch für Emissionen von immer weniger Staaten. Länder geraten zunehmend in die Gefahrenzone der Verschuldung- und damit auch Zahlungunfähigkeit, sobald ihre Bonität von den Märkten negativ eingeschätzt wird. Umso wichtiger ist es, dass die gegenwärtigen Schuldenprobleme so schnell wie möglich überwunden werden.

An der Spitze der von einem Staatsbankrott bedrohten EWS-Länder steht Griechenland mit einem Schuldenberg von gegenwärtig circa 350 Milliarden Euro. Um die Tragfähigkeit dieser Schuldenlast langfristig zu sichern, kommen – unabhängig von dem Sammelsurium von Beschlüssen der 17 Staats- und Regierungchefs der Euro-Länder auf dem EU-Krisengipfel am 21 Juli 2011 – drei Grundmodelle in Betracht:

☞ In der breiten Öffentlichkeit wird oft der Ausstieg Griechenlands aus dem EWS vertreten. Auf den ersten Blick scheint das die einfachste und für viele auch die plausibelste Lösung zu sein.[104] Dabei muss bedacht werden, dass die

---

[104] Sogar für einen bekannten Vertreter eines namhaften deutschen Wirtschaftforschunginstituts, was nicht gerade diese Möglichkeit *sinn*voll erscheinen lässt.

Wiedereinführung der Drachme sofort mit einer drastischen Abwertung verbunden wäre. Zwar würde das die Konkurrenzfähigkeit der griechischen Wirtschaft erhöhen; aber was brächte das schon für deren Exporte, solange das Land nicht über genügend Industriezweige mit weltmarktfähigen Produktangeboten verfügt, beispielsweise aus landeseigenen Pharma- oder Zulieferindustrien. Andererseits würden sich Griechenlands Importe drastisch verteuern. Besonders verheerend wirkte sich aber bei einer Abwertung die Tatsache aus, dass alle Verbindlichkeiten Griechenlands in Euro fakturiert sind, wodurch sich seine Schuldenlast mit einem Schlag um ein Vielfaches erhöhte. Damit wäre der Staatsbankrott unabwendbar.

Im Landesinnern wären die Folgen nicht minder katastrophal. Die drastische Abwertung der Drachme würde viele Ersparnisse privater Haushaltungen vernichten und auch zur Insolvenz zahlreicher Unternehmungen führen. Vor allem die Banken wären davon betroffen, die etwa die doppelte Höhe ihres Eigenkapitals in Staatspapieren angelegt haben. Bereits im Vorfeld der Wiedereinführung würden die Sparer die Banken stürmen, um ihre Ersparnisse rechtzeitig in Euro abzuheben. Damit würden die griechischen Banken schlagartig zahlungunfähig.

Auch für das EWS wäre mit einem Austritt Griechenlands das Schuldenproblem keinesfalls gelöst. Im Gegenteil: Der Ausstieg Griechenlands bedeutete für die Euro-Zone einen enormen Schock, der sich über Domino- und Ansteckungeffekte zu einem Flächenbrand entwickeln könnte. Ein Grundprinzip der Währungunion wäre nachhaltig verletzt. Denn von nun an würden weitere Austritte mit den zuvor skizzierten Folgen als möglich angesehen, und die Spekulationen hierüber erhöhten die Risikozuschläge an den Finanzmärkten für weitere schuldenbelastete Länder. Aus all diesen Gründen ist es notwendig, die Schuldenkrise in Euroland intern zu lösen.

☛ Volkswirte favorisieren die Möglichkeit eines Schuldenschnitts.[105] Für Griechenland wäre ein solcher 'Hair-Cut' höchst riskant, weil die Finanzmärkte 'Elefantengedächtnisse' haben. Nach einer deutsch-argentinischen Untersuchung von 68 Staaten im Zeitraum von 1970 bis 2010 werden *'Länder, die ihre Schulden nicht pünktlich bezahlen, ... lange und hart bestraft'.*[106] Selbst fünf Jahre nach dem Schuldenschnitt hatten sich – nach dieser Studie – die Strafaufschläge für diese Länder nur halbiert, sodass zu erwarten ist, dass auch mittelfristig die negativen Folgen solcher Schuldenschnitte beträchtlich sein werden.

Bei diesem Grundmodell einer Entschuldung könnte zustimmend eingewendet werden, dass durch einen solchen Einschnitt private Inhaber von öffentlichen Schuld-verschreibungen die Lasten zu tragen haben, in erster Linie Banken, Versicherungen und auch Fonds. Dabei muss aber bedacht werden, dass nach dem Schuldenschnitt diese

---

[105] Im Fachjargon spricht man in diesem Zusammenhang von *Hair-Cut*. Woher diese Bezeichnung stammt, ist unklar; sie hat sich erst in den vergangenen zwei Jahrzehnten eingebürgert, nachdem sie erstmals 1989 im Zusammenhang mit Finanzmärkten im 'American Economic Review' aufgetreten ist. Ein *Hair-Cut* liegt vor, wenn ein Gläubiger von seiner ursprünglichen Forderung in Höhe von beispielweise 100 € nur 30 € realisieren kann; der *Hair-Cut* beträgt in diesem Fall 70 Prozent.

[106] Vgl. hierzu: Cruces, Juan/Trebesch, Christoph >Sovereign Defaults: The Price of Haircuts<, Juli 2011, handelsblatt.com/link. – Die Autoren hatten insgesamt 182 Fälle dieser 68 Staaten untersucht, die ihren Zahlungsverpflichtungen nicht nachgekommen waren. Sie sind zu dem Ergebnis gekommen, dass die betreffenden Regierungen in der Folgezeit an den Finanzmärkten für neue Kreditaufnahmen mit Zinsaufschlägen bestraft wurden, die um so höheren ausfielen, je höher die Schulden und je größer die Schuldenschnitte waren.

Forderungen in den Bilanzen von Unternehmungen früher oder später wertberichtigt und insoweit abgeschrieben werden, was zu entsprechenden bilanziellen Gewinneinbußen und damit Steuerausfällen für die Fisken führt. Also auch die Steuerzahler sind davon letztendlich betroffen.[107] Soweit griechische Banken die Schuldverschreibungen besitzen, erleiden sie hohe Verluste und müssen als systemrelevante Institutionen voraussichtlich mit frischem Kapital gerettet werden, was dann die Staatengemeinschaft belastet.

☛ Beim dritten Grundmodell handelt es sich um Umschuldungen. Dabei wird den Inhabern der Staatspapiere angeboten, ihre Forderungen gegen das hoch verschuldete Land in Schuldverschreibungen einer übergeordneten Instanz umzutauschen, im Falle Griechenlands als Mitglied des EWS könnte das beispielweise der sogenannte Euro-Rettungsschirm (Rettungfonds der EU, EFSF)[108] sein. Ohne Kombination mit einem Schuldenschnitt würde der EFSF griechische Staatsanleihen zu 100 Prozent ihres Nennwertes übernehmen. Die privaten Gläubiger erhielten dafür EFSF-Anleihen mit Garantieerklärungen der Euro-Staaten, de facto also Euro-Bonds. Die griechischen Staatsanleihen, nunmehr im Besitz des EFSF, würden in neue Schuldverschreibungen des griechischen Staates umgewandelt, deren Konditionen der prekären wirtschaftlichen Situation Griechenlands anzupassen wären. Der Fortbestand der Schulden hielte Griechenland weiterhin unter Spardruck und Zwang zur Haushaltdisziplin.

---

[107] Das gilt in besonderer Weise im Hinblick auf Banken, die sich voll oder teilweise im Staatseigentum befinden.
[108] European Financial Stability Facility, kurz: EFSF (dieser soll 2013 dauerhaft vom Europäischen Stabilitätsmechanismus – kurz: ESM – abgelöst werden). Damit der EFSF Staatsanleihen ankaufen darf, müssen zuvor die entsprechenden Rechtsvorschriften geändert werden.

Um mit einer solchen Umschuldung eine zumindest teilweise Entschuldung Griechenlands zu erreichen und daran auch die Privatwirtschaft zu beteiligen, muss die Umschuldung mit einem Schuldenschnitt, etwa zwischen 20 Prozent[109] bis 50 Prozent[110], kombiniert werden. Soweit griechische Banken davon betroffen sind, müssten diese ergänzend durch Rettungmaßnahmen unterstützt werden. Die durch den Schuldenschnitt erreichte Entlastung für den EFSF gibt dieser dann an Griechenland weiter, wodurch sich dessen Schulden und Zinszahlungverpflichtungen reduzieren. Die verbleibenden Restschulden des griechischen Staates gegenüber dem EFSF können dann – wie im zuvor erwähnten Fall – in neue Schuldverschreibungen mit günstigen Kreditkonditionen[111] umgewandelt werden.

Die Ratingagenturen haben zu erkennen gegeben, dass sie Schuldenschnitte grundsätzlich als Zahlungausfälle (Default) betrachten und mit Bonitätsabschlägen (Default-Rating) bewerten werden. Das hätte zur Folge, dass sich für Griechenland bis auf Weiteres die Kosten für Finanzierungen über die Kapitalmärkte auf hohem Niveau hielten und möglicherweise noch erhöhten.[112] Um das zu verhindern,

---

[109] in etwa Vorschlag des IIF (Institut of International Finance, internationaler Bankenverband)

[110] Der Sachverständigenrat der Bundesregierung Deutschlands hatte einen Schuldenschnitt um rund die Hälfte gefordert.

[111] diskutiert werden in diesem Zusammenhang Laufzeiten von 15 bis 30 Jahre. Nach den Beschlüssen der 17 Staats- und Regierungchefs der Euro-Länder auf dem EU-Krisengipfel Ende Juli dieses Jahres sind Laufzeitenverlängerungen von 7,5 auf mindestens 15 Jahre und Zinssenkungen von 4,5 auf 3,5 Prozent vorgesehen.

[112] Um einen solchen mächtigen – im Grunde unverantwortlichen – Einfluss der Ratingagenturen zu brechen, der besonders in Krisenzeiten durch die oft nicht nachvollziehbaren Bewertungen die Situation dramatisch verschärfen kann, hat die EU-Justizkommissarin Viviane Reding die Zerschlagung dieser Institutionen gefordert. Der deutsche

könnte daran gedacht werden, die private Beteiligung anstatt durch 'Hair-Cuts' über Bankenabgaben oder ähnliche Steuer zu realisieren.[113] Wenn die Bankenabgaben allerdings nur auf leistungfähige Banken beschränkt und in tragbarem Rahmen blieben, wäre es fraglich, ob sie ausreichten, die Schuldenlast Griechenlands deutlich zu reduzieren. Deshalb müssten die Bankenabgaben mit sogenannten 'weichen Umschuldungen' kombiniert werden. Dafür gibt es zwei Varianten: Damit Griechenland zumindest im Hinblick auf die laufenden Zahlungverpflichtungen vorübergehend entlastet wird, könnten die umgewandelten Schuldtitel mit deutlich längeren Laufzeiten, niedrigeren Zinsen und auch längerfristigen Stundungen der Zinszahlungverpflichtungen versehen werden. Die andere Möglichkeit wäre, Griechenland durch EFSF-Kredite in die Lage zu versetzen, eigene Anleihen zurückzukaufen, die gegenwärtig auf den Sekundärmärkten weit unter ihrem Nennwert gehandelt werden. Soweit die Inhaber ihre Anleihen verkaufen, führt das dann für Griechenland summa summarum zu einer Schuldenreduzierung und Entlastung von zukünftigen Zins- und Tilgungzahlungen.[114]

Abschließend ist festzustellen, dass es keine sichere Lösung für die Schuldenkrise gibt. Insofern kann gegenwärtig auch nicht beurteilt werden, ob die auf der Schuldenkonferenz Ende

---

Bundespräsident, Christian Wulff, geht nicht ganz so weit; er will die Ratingagenturen lediglich haftbar machen, wenn sie mit ihren Urteilen finanzielle Schäden anrichten. – Fraglich ist nur, wie Schadenersatzforderungen überzeugend quantifiziert und letztendlich durchgesetzt werden sollen.

[113] weil das möglicherweise die Ratingagenturen von Bonitätsabschlägen abhalten könnte.

[114] fraglich bleibt hierbei allerdings, ob die Ratingagenturen diesen Vorgang nicht doch als erzwungenen Schuldenerlass deuten und mit Default bewerten werden.

Juli dieses Jahres gefassten Beschlüsse zum Erfolg führen werden, zumal diese erst noch in zahlreichen Punkten konkretisiert, möglicherweise erweitert und dann umgesetzt werden müssen.

In Anbetracht der aufgezeigten Risiken haben nach unserer Ansicht die sogenannten 'weichen Umschuldungen' in Verbindung mit Bankenabgaben die größten Erfolgchancen. Denn zunächst kommt es darauf an, die in letzter Zeit zu beobachtende Zuspitzung der griechischen Schuldenprobleme zu stoppen, um für komplementäre, ein nachhaltiges Wirtschaftwachstum bewirkende Maßnahmen Zeit zu gewinnen. Griechenland muss seine Schulden zukünftig nicht nur tragen können, sondern auch imstande sein, sie langfristig zu tilgen. Dabei geht es weniger um die Durchsetzung erdrückender Sparprogramme, sondern vielmehr um die Verwirklichung eines Aufbauprogramms zur Entwicklung neuer, wettbewerbfähiger Industrien durch fundamentale Verbesserungen der Rahmenbedingungen für privates Unternehmertum. Zu denken ist dabei in erster Linie an mehr Rechtssicherheit[115] und generellen Abbau von Bürokratie – insbesondere im Hinblick auf Investitionen ausländischer Unternehmungen[116] –, Bekämpfung der Korruption und 'Vetternwirtschaft', Öffnung bisher regulierter Märkte, Privatisierung von Staatsunternehmungen, Schaffung eines durchschaubaren und wettbewerbfähigen Steuersystems[117] sowie klare Lohnstrukturen. Über diese Grundsätze hinaus gilt es, die mittleren und langfristigen Wachstumperspektiven durch Erweiterung bestehender und Schaffung neuer Kooperationmöglichkeiten mit anderen EU-Mitgliederstaaten

---

[115] unter anderem auch durch Grundbücher.
[116] so sind die Genehmigungverfahren in Griechenland viel zu umständlich, Verträge und Zusagen oft unsicher.
[117] Verbunden mit einer rigorosen Bekämpfung der Steuerhinterziehung.

zu verbessern. Es bieten sich Erfolg versprechende Investitionmöglichkeiten in den Bereichen Infrastruktur, erneuerbare Energien (vor allem Solartechnik durch Fotovoltanlagen), Kraftwerkbau, grenzüberschreitender Netzausbau, Informationtechnologie, Transportwesen, Telekommunikation, Abfallwirtschaft und Tourismus. Zur Finanzierung der Aufbauprogramme sind Aufstockungen des EU-Strukturfonds vorgesehen und die für Griechenland vorgesehenen Mittel vorrangig auf Wirtschaftwachstum durch Stärkung seiner Wettbewerbfähigkeit auszurichten. Dabei kann die Europäische Investitionbank (EIB)[118]auftretende Probleme bei der geforderten Kofinanzierung lindern, wenn Griechenland den geforderten Eigenanteil nicht aufbringen kann.

---

[118] Die EIB ist eine Institution der EU für langfristige Finanzierungen.

Auszug aus: Einführende Überlegungen Frühjahr 2011

RISIKEN EINES BEITRITTS
ZUR EUROPÄISCHEN WÄHRUNGUNION

Der Beitritt von Ländern – wie Estland – zum Euro-Raum birgt Risiken, die im System begründet liegen. André Szász, langjähriges Mitglied des Direktoriums der niederländischen Notenbank, der fast 40 Jahre das wechselvolle Geschehen an den europäischen Währungfronten hautnah miterlebt hat, prägte einmal den sarkastischen Satz: 'Keiner der Regierungchefs, die den Maastrichter Vertrag zur gemeinsamen Währung unterzeichneten, hatte wirklich verstanden, worauf sie sich eingelassen hatten.' Sicherlich ist diese Aussage etwas übertrieben, in ihrem Kern aber berechtigt. Denn dem Konzept der Europäischen Währungunion liegen Annahmen zugrunde, die, wie die Entwicklungen der jüngsten Vergangenheit gezeigt haben, zu krisenhaften Entwicklungen geführt haben.

Nach Aussage Jacques Delors, dem früheren Kommissionpräsidenten, besteht von Anfang an der 'grundlegende Konstruktionfehler der Währungunion darin, dass Weich- und Hartwährungländer zu einer politisch gewollten Währungunion zusammengeschweißt worden sind. Man hat dabei bewusst in Kauf genommen, dass die Leitzinsen der Europäischen Zentralbank vielerorts nicht der jeweiligen wirtschaftlichen Situation der Länder entsprechen. Die Einheitzinsen sind zwangläufig zu niedrig für Länder, die schneller wachsen und entsprechend zu höheren Preissteigerungraten tendieren; andererseits sind sie zu hoch für jene Länder, welche weitgehend stagnieren. So waren sie lange Zeit für die rasch wachsenden Länder Spanien und Irland zu niedrig und führten dort zu blasenartigen

Verwerfungen. Man hoffte, dass eine einheitliche Geldpolitik generell Entwicklungen bewirken werde, wodurch diese Diskrepanzen ausgeglichen würden.

Das war, wie die Erfahrungen gezeigt haben, ein Trugschluss. Diese Fehleinschätzung hat dazu geführt, dass sich im Laufe der Zeit zunehmend Krisenherde in der Union herausgebildet haben.

Darüber hinaus ging man davon aus, dass Wettbewerbverzerrungen, die sich in einem gemeinsamen Währungraum bei unterschiedlichen Tariflohn-, Produktivität- und entsprechenden Kostenentwicklungen zwangläufig aufbauen, durch die Kräfte des Marktes wieder beseitigt würden. Laut Statistik der OECD haben Unterschiede in den spezifischen Lohnkosten dazu geführt, dass beispielweise Deutschland dank seiner in den Jahren gedämpften Wachstums sanierten Produktionstrukturen in der Spitze einen globalen Wettbewerbvorsprung in Höhe von zehn Prozent errungen hatte, wohingegen Länder wie Griechenland, Portugal und Spanien deutliche Wettbewerbverluste erlitten. Divergenzen dieser Art führen bei gemeinsamen Wechselkursen in den progressiven Ländern zu Leistungbilanzüberschüssen und in den zurückgebliebenen Ländern zu Defiziten im internationalen Güteraustausch. Der Glaube, dass durch die selbstheilenden Kräfte der Märkte die Wettbewerbnachteile ohne Weiteres wieder ausgeglichen und die Defizite finanziert würden, hat sich als weiterer Trugschluss erwiesen.

Die Finanz- und Wirtschaftkrise hat viele überkommene volkswirtschaftliche Annahmen ad absurdum geführt, insbesondere die neoklassisch-monetaristischen Prämissen grundsätzlich funktionierender freier Märkte[119], stabiler Gleichgewichte und unfehlbar rational handelnder Wirtschaftsubjekte, wonach staatliche Eingriffe mehr Schaden als Nutzen stiften. Die Entwicklungen der vergangenen Jahre haben aber gezeigt, dass ohne ausreichende staatliche Regulierung der ungezügelte menschliche Trieb zur Gewinnerzielung zu katastrophalen Krisen führen kann. Insofern muss durch eine Rückbesinnung auf die Kernaussagen der sogenannten 'Neuen Wirtschaftlehre'[120] die Rolle des Staates neu definiert werden.

Volkswirtschaftliche Fehlentwicklungen sind, das haben die Erfahrungen gelehrt, eng mit einem Versagen der Kapitalmärkte verbunden. Eine Krisenbewältigung, die sich allerdings nur auf eine – unbestreitbar notwendige – Reform der Geld- und Kapitalmärkte[121] beschränkt, greift aber zu kurz. Es reicht nicht aus, nur die Haushaltentwürfe der EU-Länder zukünftig in Brüssel absegnen zu lassen, also die Haushaltdefizite zu kontrollieren und deren Reduzierungen auf ein zulässiges Höchstmaß zu überwachen. Unzureichende Koordination der nationalen Wirtschaftpolitiken in einem Gebiet wie dem Euro-Raum führt unweigerlich zu einer Destabilisierung der Realwirtschaften. Damit sich die Euro-Länder wirtschaftlich nicht weiter so stark auseinanderentwickeln wie in den vergangenen Jahren, müssen komplementär zur zentral bestimmten Geldpolitik zukünftig auch die Fiskal-, Beschäftigung- und Sozialpolitik

---

[119] durch die "unsichtbare Hand des Marktes" (Adam Smith). Joseph Stiglitz wendet dagegen ein: "Vielleicht ist die unsichtbare Hand auf vielen Märkten deshalb unsichtbar, weil es sie gar nicht gibt."

[120] der 30er Jahre; vgl. hierzu: Skidelsky, R., Die Rückkehr des Meisters — Keynes für das 21. Jahrhundert, München (Verlag Antje Kunstmann) 2010.

[121] vgl.: Eesti majanduspoliitilised väitlused – Estnische Gespräche über Wirtschaftpolitik – Discussions on Estonian Economic Policy, Berlin/Tallinn 2010, Seiten 9 – 20.

aus den Ermessenspielräumen der einzelnen Nationalstaaten herausgelöst und – analog zur Europäischen Zentralbank – einer übergeordneten Instanz übertragen werden.[122]

---

[122] Eine in der Bundesrepublik Deutschland gegründete Arbeitgruppe "Alternative Wirtschaftpolitik" fordert in diesem Zusammenhang längerfristig eine EU-Wirtschaftregierung.

Auszug aus: Einführende Überlegungen Frühjahr 2010

MINSKY-PARADOXON:
NACH DER KRISE, VOR DER KRISE?

Wenn die verheerenden Entwicklungen der letzten Jahre, die 2007 durch die Subprime-Krise ausgelöst worden sind, überwunden sein sollten, wird man sich fragen müssen, was getan worden ist, um eine Wiederholung solcher Krisen zu verhindern. Nachdem es die Finanzwirtschaft gewesen ist, welche die Misere ausgelöst hat, steht diese nun verständlicherweise im Blickpunkt der Reformer. Die wichtigste Erkenntnis ist: Die Kapitalmärkte haben in modernen Volkswirtschaften eine so große Bedeutung, dass sie nicht mehr dem freien Spiel der Kräfte überlassen werden dürfen, sondern ordnungpolitisch zu zügeln sind. Anderenfalls besteht die Gefahr, dass es erneut zu Verwerfungen auf den Finanzmärkten kommt und dann zur Abwendung eines völligen Zusammenbruchs die Verluste wieder durch Einsatz gewaltiger Steuermittel sozialisiert werden, wodurch letztendlich die breite Masse der Bevölkerung die Lasten zu tragen hat.

– Zunächst muss bei den Ratingagenturen angefangen werden. Diese sind zukünftig bei einer länderübergreifenden Agentur zu registrieren und strengen Bewertungrichtlinien sowie einer permanenten Aufsicht zu unterwerfen. Dabei ist darauf zu achten, dass Rating und Beratung strikt voneinander getrennt werden, damit es nicht zu Interessenkollisionen kommt.

– Jene Finanzinstitute, die verbriefte Forderungen verkaufen, müssen verpflichtet werden, einen Teil der emittierten Wertpapiere selbst zu behalten[123], damit sie das Risiko dieser

---

[123] Im Gespräch sind Selbstbehalte in Größenordnungen von fünf bis zehn

Papiere mit tragen.

– Darlehennehmer müssen gegenüber Kreditinstituten in besonderer Weise geschützt werden, indem Abtretungen von Darlehenforderungen sowie Übertragungen jeglicher Art an Unternehmungen ohne Banklizenz nur mit Genehmigung der jeweiligen Bankkunden zulässig sind.

– Weiterführende Forderungen zielen darauf ab, Kreditinstituten den rein spekulativen Eigenhandel mit Wertpapieren und Derivaten zu verbieten, bei denen kein Bezug zur Realwirtschaft mehr besteht. Auch sind ihnen Beteiligungen an Hedje-Fonds und Private-Equity-Gesellschaften zu untersagen. Damit soll eine Trennung von Geschäft- und Investmentbanken erreicht werden, so dass sich die Aktivitäten der Geschäftbanken zukünftig wieder auf ihre Kerngeschäfte, die so genannten Kundengeschäfte[124], beschränken. Verbleibende Risiken müssen ausreichend mit Eigenkapital unterlegt werden.

– Die Fixgehälter der Mitglieder von Vorständen und Aufsichträten müssen begrenzt oder dürfen nur bis zu bestimmten Höchstbeträgen als steuerrelevante Kosten anerkannt werden.

– Die Boni der Manager und sonstigen Führungkräfte sind auf lange Zeiträume auszurichten (mindestens drei Jahre) und auf

---

Prozent; der Arbeitkreis 'Europa' der Friedrich-Ebert-Stiftung fordert auf der Grundlage einer internationalen Regelung sogar einen Risikoverbleib von mindestens 20 Prozent.

[124] Nämlich die Einlagen- und Kreditgeschäfte, welche die Vermittlung von Kaufkraft zwischen Kapitalanlegern und Kreditsuchenden zum Gegenstand haben: "Der Bankier soll Kreditrisiken bewerten und nicht Spekulant sein." (Frankreichs Präsident Nicolas Sarkozy auf dem Wirtschaftforum in Davos im Januar 2010)

30 Prozent der Fixgehälter zu begrenzen.

– Vorstandmitglieder und Aufsichträte müssen zukünftig für Fehler, die ihre Unternehmungen belasten, haften (Wegfall der Boni und gegebenenfalls der Fixgehälter).

– Soweit Führungkräfte Teile ihrer Gehälter in Form von Anteilrechten an ihren Unternehmungen erhalten, dürfen sie diese erst nach Ablauf bestimmter, nicht zu kurz bemessener Fristen wieder veräußern, damit sie ihre Entscheidungen nicht an kurzfristigen Erfolgen, sondern an nachhaltigen Zielen ausrichten.

– Heftig umstritten ist die Forderung, zumindest Kreditinstitute in ihrer Größe so weit zu beschränken, dass sie nicht mehr ganze Volkswirtschaften gefährden und als systemrelevante Institutionen gewissermaßen erpressen können, so dass letztendlich der Steuerzahler für deren Missmanagement haften muss.

Ob durch die Verwirklichung all dieser Reformvorschläge[125] zukünftig ähnliche Krisen, wie sie die Volkswirtschaften in den zurückliegenden Jahren erfahren haben, vermieden werden können, ist fraglich. Hyman Minsky hatte bereits in den 70er Jahren des vorigen Jahrhunderts auf ein Phänomen hingewiesen, das inzwischen als 'Minsky-Paradoxon'[126]

---

[125] Vgl. im Übrigen: Estnische Gespräche über Wirtschaftpolitik, Jahrgang 2009, Vorwort, Seiten 15 f.
[126] "Die Stabilität ist instabil!" Siehe hierzu: Minsky, P. Hyman, John Maynard Keynes – Finanzierungprozesse, Investitionen und Instabilität des Kapitalismus, (1975) 2008 (Metropolis); derselbe, Die Hypothese der finanziellen Instabilität, Challenge, White Plains, N.Y. 1977, Seiten 20 ff.; derselbe, The Financial Instability, in: Handbook of Radical Political Economy, Philip Arestis & Malcolm Sawyer (Hrsg.), 1993; derselbe, Stabilizing An Unstable Economy, 1986 (Yale University Press), 2008 (Quebecor Word); derselbe, Can "It" Happen Again? Essays on Instability

wiederentdeckt und durch die Ereignisse der zurückliegenden Jahre bestätigt worden ist. Es besagt, dass in Marktwirtschaften mit durchgängig dezentralen Entscheidungen der Unternehmungen, Banken und Haushaltungen[127] die Finanzsysteme in expansiven Konjunkturphasen zunehmend instabil werden. Der Kern des Übels liegt in der zunehmenden Verschuldung der Privatwirtschaft in Zeiten der konjunkturellen Überhitzung. In der Anfangphase der Prosperität verhalten sich die Wirtschaftsubjekte bei Abschlüssen von Kreditverträgen zunächst noch vorsichtig, indem sie vorsorglich darauf achten, dass die zu finanzierenden Objekte ausreichend rentabel sind und der Schuldendienst aus den laufenden Einnahmen problemlos bedient werden kann. Mit fortschreitender Überhitzung der konjunkturellen Entwicklung und inflationär aufgeblähten Erträgen werden sie immer leichtsinniger. Erfolge führen zu größeren Wagnissen. Die Akteure unterschätzen die Risiken und überschätzen die Gewinnaussichten. Die Lust am Spekulieren nimmt zu und schließlich gefährliche Ausmaße an. Bald genügt es ihnen, wenn die Cashflows nur noch die Zinszahlungen decken; schließlich kann man ja – so scheint es – jederzeit problemlos prolongieren oder umschulden. Nimmt diese Entwicklung exzessive Ausmaße an, können die Zinsen nur noch durch neue Kredite finanziert werden. Dann hofft man darauf, dass die Kapitalmärkte den Finanzierungbedarf weiterhin befriedigen, weil das als Sicherheit dienende Vermögen – wie bisher – an Wert zunimmt. Ist das aber plötzlich nicht mehr der Fall, bricht alles zusammen. Der Vertrauenschwund in der Wirtschaft greift um sich, das Angebot auf den Kapitalmärkten sinkt drastisch, wodurch eine Abwärtsspirale in Gang gesetzt wird. Das instabile Finanzierungsystem reißt die reale Wirtschaft mit in den Abgrund.

---

and Finance, New York 1982.
[127] wodurch Konjunkturschwankungen praktisch unvermeidlich sind.

Genau das war die Situation der beginnenden Finanzkrise auf dem US-Immobilienmarkt im Jahre 2007 und der sich dann im Herbst 2008 nach dem Zusammenbruch der Investmentbank Lehman Brothers weltweit ausdehnenden Wirtschaftkrise. Der neoklassisch infizierte Glaube an funktionierende freie Märkte, stabile Gleichgewichte und unfehlbar rational handelnde Wirtschaftsubjekte hat sich als trügerisch erwiesen. Da auch zukünftig die Gier nach immer höheren Gewinnen und Macht und die daraus resultierende Instabilität nicht auszuschalten sein wird, ist es wichtig, dass starke öffentliche Institutionen geschaffen werden, die imstande sind, die Wirtschaft auf Einhaltung der Reform-Vorgaben zu überwachen und gegebenenfalls stabilisierend einzugreifen. Dabei kommt den Zentralbanken eine Schlüsselrolle zu, indem sie die immer komplexer werdenden Finanzsysteme kontrollieren und die Entwicklungen neuer Finanzstrukturen steuern. In Zeiten der Globalisierung ist dabei eine internationale Koordination unabdingbar, damit die Finanzmarktakteure nicht den Zuständigkeitbereichen der einzelnen nationalen Aufsichtbehörden ausweichen und diese gegeneinander ausspielen können. Wichtig ist, dass weltweit einheitliche Standards festgelegt werden, wodurch Kapitalmarktexzesse verhindert werden können, ohne die Funktiontüchtigkeit der Kreditwirtschaft zu beeinträchtigen.

Auszug aus: Einführende Überlegungen Frühjahr 2009

DURCH WELTWEITE WIRTSCHAFTKRISE RENAISSANCE DER NACHFRAGEORIENTIERTEN WIRTSCHAFTPOLITIK

In der Europäischen Union müssen mit zunehmender Verflechtung die Mitgliedländer ihren Finanzsektor grundlegend reformieren. Dazu sind die nachfolgenden Forderungen umzusetzen oder zumindest zu prüfen:

• Volkswirtschaften im globalen Finanzierungverbund müssen die Regulierung ihrer Finanzmärkte und die Aufsichtregeln harmonisieren. Dazu ist in enger Kooperation mit dem internationalen Währungfonds (IWF) und dem Financial Stability Forum (FSF)) ein weltweites Frühwarnsystem zu errichten, das sich aus nationalen Aufsichtgremien zusammensetzt, welche konsequent die in Ihrem Bereich relevanten Institute überwachen und ständig Risikoanalysen erstellen. Das gilt ganz besonders für Zweckgesellschaften, die in der Vergangenheit vielerorts gegründet worden sind, um außerhalb der regulären Bilanz riskante Anlagengeschäfte zu betreiben.

• An den Finanzmärkten muss mehr Transparenz hergestellt werden. Bei Verbriefungen von Darlehen muss klar sein, wie die Risikostrukturen beschaffen sind. Dazu sollte von den kreditierenden Banken verlangt werden, dass auch sie einen Teil des Ausfallrisikos tragen – ähnlich dem Selbstbehalt bei Versicherungen.

• Ratingagenturen müssen strengeren Bewertungrichtlinien und einer Registrierungpflicht unterworfen werden. Auch

Hedge-Fonds müssen zukünftig konsequent kontrolliert werden.

• Die formelgebundenen Regeln nach Basel II zur Eigenkapitalausstattung der Banken müssen flexibler gestaltet werden, damit es nicht zu prozyklischen Bewegungen bei den Kreditgewährungen kommt, was – wie die gegenwärtige Situation zeigt – besonders problematisch in rezessiven Konjunkturphasen ist.

• In diesem Zusammenhang sind 'Fair-Value'-Bewertungregeln für Finanzanlagen, soweit sie Anwendung finden, gerade im Hinblick auf die Erfahrungen in der jüngsten Finanzkrise kritisch zu überprüfen. Und mit Blick auf die Zukunft sollte darüber nachgedacht werden, ob nicht Ausschüttungssperren für Kursgewinne zumindest temporär verhängt werden sollten.

• Letztendlich müssen die Vergütung- und Bonisysteme der Bankmanager wie auch der übrigen Wirtschaftführer verändert werden, so dass sich deren Einkommen nicht an kurzfristigen Erfolgen, sondern an nachhaltigen Zielen ausrichten.

Die heute im Allgemeinen vertretenen makroökonomischen Theorien und darauf aufbauenden wirtschaftpolitischen Konzeptionen beruhen auf den im Grunde realitätsfremden Annahmen, dass die Märkte stets effizient seien und die Menschen sich immer von rationalen Überlegungen leiten ließen. Nicht-ökonomische Motive und irrationale Verhaltenweisen finden in den heute gängigen Modellen kaum Berücksichtigung. Das hat dazu geführt, dass die gravierendsten Ursachen für immer wieder auftretende Krisen meist übersehen werden. In Anlehnung an John Maynard Keynes sprechen George Akerlof und Robert Shiller von

'Animal Spirits'[128], welche für die wirtschaftlichen Entwicklungen größere Bedeutung haben als rational-ökonomische Faktoren. "Die Wellen von Optimismus und Pessimismus verursachen große Veränderungen der gesamtwirtschaftlichen Nachfrage." Das irrationale Auf und Ab der Erwartungen verstärke und verlängere Rezession- und Depressionphasen im wirtschaftlichen Geschehenablauf. Alle Wirtschaftkrisen gingen letztendlich auf psychologische Faktoren zurück. Welche Schlussfolgerungen sind daraus zu ziehen? Der Staat muss eine aktive Rolle in der Wirtschaft spielen und die durch 'Animal Spirits' verursachten Marktverwerfungen rechtzeitig bekämpfen. Damit der Privatkapitalismus auf Dauer stabil bleibt, darf der Markt grundsätzlich nicht sich selbst überlassen werden: *John Maynard Keynes ist tot; es lebe John Maynard Keynes!*

---

[128] Akerlof, G./Shiller, R., Animal Spirits – How Human Psychological drives the Economy, and why it matters for Global Capitalism, Princeton 2009.